# 躬身入局

周亦见——著

航空工业出版社
北京

## 内容提要

本书用大白话让你轻松读懂《资治通鉴》中的故事，结合现实案例，从人性、谋略、博弈等角度深刻解析人物的行事动机，让你明白高手解决问题的逻辑思维，真正学习到他们的智慧。

用历史讲透人性，有权谋智慧，有处世之道，也有管理艺术。让你恍然大悟！

**图书在版编目（CIP）数据**

躬身入局 / 周亦见著 .-- 北京：航空工业出版社，2024. 11.

ISBN 978-7-5165-3874-6

Ⅰ . C93 - 49

中国国家版本馆 CIP 数据核字第 2024UY3019 号

躬身入局

Gong Shen Ru Ju

航空工业出版社出版发行

（北京市朝阳区京顺路 5 号曙光大厦 C 座四层　100028）

发行部电话：010-85672688　010-85672689

河北赛文印刷有限公司印刷　　全国各地新华书店经售

2024 年 11 月第 1 版　　2024 年 11 月第 1 次印刷

开本：710 × 1000　1/16　　字数：249 千字

印张：14　　定价：79.00 元

# 《资治通鉴》大事件

公元前403年——公元前369年
（共35年）

**周纪一**
- 三家分晋
- 豫让报仇
- 魏国崛起
- 吴起出走楚国

公元前368年——公元前321年
（共48年）

**周纪二**
- 商鞅变法
- 韩国申不害变法
- 围魏救赵
- 苏秦合纵

公元前320年——公元前298年
（共23年）

**周纪三**
- 秦国吞并巴蜀
- 张仪连横
- 燕昭王千金买马骨
- 赵武灵王胡服骑射

公元前297年——公元前273年
（共25年）

**周纪四**
- 赵武灵王饿死沙丘宫
- 白起崛起
- 五国伐齐
- 田单复国

公元前272年——公元前256年
（共17年）

**周纪五**
- 赵奢狭路相逢勇者胜
- 范雎入秦
- 长平之战
- 信陵君窃符救赵
- 白起自杀
- 吕不韦结交嬴异人

公元前255年——公元前228年
（共28年）

**秦纪一**

- 吕不韦主政秦国
- 嬴政继位
- 李牧破匈奴
- 黄歇遇刺
- 李斯《谏逐客书》
- 韩非狱中死亡

公元前227年——公元前209年
（共19年）

**秦纪二**

- 荆轲刺秦
- 秦始皇统一六国
- 焚书坑儒
- 秦始皇东巡途中去世
- 扶苏自杀
- 胡亥继位
- 陈胜吴广起义
- 刘邦、项羽起兵

公元前208年——公元前207年
（共2年）

**秦纪三**

- 赵高指鹿为马
- 李斯被腰斩
- 项梁战死
- 项羽巨鹿之战
- 刘邦西征

# 自序

普通人读历史，有什么用？

少年的时候，读历史只觉得是看个故事。但长大以后，才发现历史是现实，身边经历的很多事，在历史上都能看到影子。

历史是由一个个活生生的人组成的。大人物也好，小人物也罢，他们的经历都是真实存在的。与我们每一个人一样，他们也都有低谷期，有人生得意时。

**读历史的第一个作用，是让我们了解人，知道人性是什么。**

时代虽然在变迁，但人性的趋利避害却始终如一。

历史的循环，本质上是人性的循环。每一桩事件的演变，都是人性的博弈，每一个决策背后，也都有着一致的动机。摸不透人性，就会重蹈前人的覆辙。

因此，读历史能从更高的角度，去洞察人心。

这种对人性的深刻洞察，不仅能帮助我们更好地理解别人，也能帮助我们反思自我，从而在现实生活中做出更明智的决策。

实际上，历史讲述的虽然是过去的事，但实际上，它藏着当时人们在面对问题时的解决策略。

剥开外壳看本质，我们遇到的事，在千百年前，前人也曾遭遇过。初读时，或许觉得与自己无关，但经历了一些事后，你会忽然想起史书中的某个人、某件事，进而，重新翻到那一页，学习借鉴他的成功经验，以解决自己当前的难题。比如，看看那些从底层爬上去的小人物，他们是如何一步步走上人生巅峰的？在无钱无势的情况下，他们又是如何借助外力、整合资源，最终成就一番伟业的？

我们学习历史的方法，就在于挖掘这些策略背后的逻辑，并将其运用到自己的生活和工作中。一旦活用了历史，你就相当于开了上帝视角，虽然不能说对世间万事万物了如指掌，但至少可以做出较为准确的发展预测。

《资治通鉴》这本书，是我们民族千百年来大浪淘沙的案例库，也是无数高人面对复杂局面的应对策略总结。所以说，读《资治通鉴》就像读棋谱一样，是在琢磨棋路，研究前人的破局心法。

“以史明鉴”的意义正在于此，用历史的成功经验作参照，为解决现实问题提供方向。这些宝贵的经验，就相当于先知为我们引路，对于没有贵人指路的普通人来说，是一笔巨大的财富。

当然，读史不仅仅是为了了解人性和提升自我。

**从职场角度说，读历史的另一个好处，是学习前人的管理经验。**

《资治通鉴》里，包含了大量适用于现代社会的领导与管理智慧。很多管理的问题，都能在书中找到答案。比如，如何用人？如何激发下属的主动性？

刘邦曾评价自己：“夫运筹策帷帐之中，决胜于千里之外，吾不如子房；镇国家，抚百姓，给馈饟，不绝粮道，吾不如萧何；连百万之军，战必胜，攻必取，吾不如韩信。此三者，皆人杰也，吾能用之，此吾所以取天下也。项羽有一范增而不能用，此其所以为我擒也。”

在这段里，我们能看出刘邦对自身领导角色的定位，第一是有自知之明，明白自己的弱项，第二是有知人之智，按照属下的长处，把他们放在合适的岗位上，以最大化地提升组织战斗力。

再比如，关于团队建设。

魏文侯与田子方饮酒时，指出钟声不协调，左边略高。田子方说：“我听说，国君懂得任用乐官，不必懂得乐音。现在国君您精通音乐，我担心您会疏忽了任用官员的职责”，文侯受教。

简单来说，一位领导者应当拥有一支由得力助手构成的核心队伍，这支核心队伍中的每个人负责不同的工作领域。而这些核心成员，也会各自建立自己的小团队，这样通过一层层的团队构建与职能分配，就形成了各种政治结构和组织。

对现在的很多管理者来说，学习现代的管理知识很重要，但更重要的是不能忘本。人类社会之所以能不断向前发展，就是因为站在前人的肩膀上，一代接着一代积累，不断向前开拓。

历史是一面镜子，能让我们看清过去、明白现在、预见未来，从而更好地成事，成就自己。

当然，这条路很长，需要我们终身学习。

《躬身入局》这本书是解读《资治通鉴》中管理智慧的首部作品。希望通过共同探讨历史，我们可以一起成长为更好的自己。

道阻且长，我们共勉之!

周亦见

2024年8月24日于成都

# 目录

## 第七章　六国抗秦，一个缺乏核心的联盟注定会各自为战，一盘散沙

# 第一章

# 周室衰微，权力被下属篡夺的底层逻辑

# 权力的来源从不是名分，而是影响力

**《资治通鉴》周纪**

**威烈王二十三年（戊寅，公元前403年）**

“初命晋大夫魏斯、赵籍、韩虔为诸侯。”

权力斗争，向来是惊心动魄的。比如，《资治通鉴》开篇的“三家分晋”。

这个故事，发生在周威烈王二十三年（公元前403年）。那时候，晋国的三个大夫——魏斯、赵籍、韩虔，把晋国给分了，自己当起了诸侯。事情发生后，周天子很气愤，但他管不了，只能听之任之。

司马光在这个故事后面，发表了一大堆议论，给我们讲了他的政治观点。为什么周威烈王贵为天子，却管不了底下的诸侯呢？

因为他丧失了权力。司马光认为，权力来源于社会秩序。社会秩序靠名分来维持。也就是说，你的权力需要有合法依据，你才能稳稳当当地坐在那个位置上。

那么，“三家分晋”跟名分有什么关系呢？司马光又为什么用这个故事开篇？两个原因。

**一个原因，是他想接《春秋》的班，继续给我们讲历史。**《春秋》这本书，写到鲁哀公十四年（公元前481年）就停了，后面的历史都没记录。而“三家分晋”这事，就发生在《春秋》停笔后不久，所以司马光选了这个事件来开篇，接着给我们讲后面的历史。

**另一个原因，是司马光认为，“三家分晋”事件是治乱分野的大事。**在这之前，虽然诸侯国之间打来打去，但大家还都挺尊重周天子。可自从“三家分晋”之后，周天子的权威就一去不复返了，诸侯国开始各玩各的，谁也不把谁放在眼里。所以，司马光觉得，需要用这个事件，让我们明白名分的重要性。

读书要有辩证思维，权力的来源，真的是名分吗？

翻开历史书，例子数不胜数。有时候，一个人虽然在职位上看似低微，但实际上却掌握着重大的决策权；而有时候，一个人虽然在名义上拥有很高的地位，但实际上权力还是被架空。

就像现在的一些公司里，虽然你职位挺高的，但手下的人都不听你的。或者，虽然你只是个小职员，但老板却特别信任你，让你管着一大帮人。

这种名实不符的情况，不管什么时候，都经常发生。

回到“三家分晋”事件上。这三个大夫虽然把晋国分了，自己当起了诸侯，但在名分上，他们还只是陪臣。也就是说，三人虽然实际上已经掌握了晋国的大权，但在名分上，却还是下属。

这种名实不符的情况，让他们心里很没底。所以，他们就得想办法去获取名分上的认可。

办法很简单，去找周天子帮忙。给他送点礼、说点好听的，或者干脆威胁一下。总之目的很明确，就是让周天子给他们封个诸侯的名分。

周天子当然不愿意。这是破坏社会秩序的大事。但问题是，他也没辙。这时候的周天子，基本就是个空架子，已经没什么实际权力了。他只能眼睁睁地看着，这三个大臣把自己当成了权力的主人，还没办法拒绝。

**所以，从这件事上我们可以看出，赵、魏、韩三家大夫，是先有了实际权力，再去追求名分的正当性。说名分是权力的来源，不恰当。**

跟司马光一样，很多人都有这样的认识误区：只要把人放到领导岗位，他就有了权力，说的话大家绝对服从。可真要是这样，那些被架空的皇帝是怎么回事？年轻领导上台，底下老员工不配合又是怎么回事？

**权力的来源，从不是名分，也不是职位，而是赏罚能力。简单来说，权力的强弱，取决于你在多大程度上能影响和控制他人。**

所谓赏，就是可以支配别人想要的东西。其中，就包括物资分配权、人事任免权。比如说，在沙漠里，谁掌握了水源，谁就有了至高无上的权力。这个人，是男是女，是老是少，都不重要。

人们天生倾向于追随强者，特别是男性，十分崇拜那些有能力、有魄力的领袖。

为什么会这样呢？原因其实很简单：跟着强者，有肉吃。

如果你跟着一个强者，能获得比自己单打独斗更多的好处，那你肯定会愿意听他的命令。如此，这位强者就得到了指挥你的权力。而这一切，都是你心甘情愿的。比如说曹操。起初，他只是一个小官，家世并不显赫。但是大家为什么愿意跟随他呢？这是因为跟着曹操能赢，自己也能获得更多的好处。汉献帝无法证明跟着自己比跟着曹操更好，所以，他动摇不了曹家的权力。

**所谓罚，就是你有能力剥夺他人的东西，可以是财产，也可以是其他。**

人们天生害怕失去，所以，如果你拥有剥夺能力后，他们就会因为害怕损失而听从你的命令。这就是为什么，暴力常常成为权力的底层逻辑。

但请注意，仅仅依靠暴力建立起来的权力，是非常不稳定的。因为这种权力，很难得到人们的真心拥护。所以，虽然惩罚是获取权力的一种方式，但它必须慎用，只能作为辅助手段。

**那么，名分（职位）跟权力的真正关系是什么呢？**

职位只是给了你一个初始的权力平台，权力的保质期很短。所以，新上任的领导，往往会急于展示自己的能力，以此来巩固地位。这很考验手段。

如果新领导不能让大家看到服从他的好处，那么他的权力就会逐渐流失。更糟糕的是，如果大家觉得不服从他也没什么大不了的话，那么这位新领导，很快就会失去所有权力。最终的结局，只能是命令无法下达，无人理会。

另一方面，有些人虽然没有正式的职位，但他们却能解决别人解决不了的问题。这些人，就成为人们眼中的强者，具备了拥有权力的基础。如果这位强者把蛋糕做大，并且愿意跟大家分蛋糕，那么他就有了权力，无论目前是什么职位。“三家分晋”里的三位大夫，就是例子。

**权力并不仅仅存在于官场或者单位，其实它无处不在。**

有人的地方就存在权力。比如说，在我们的家里。家庭中权力的表现，就是该听谁的。谁能带全家吃肉，谁就掌握了全家的权力。这里的“肉”，可能是金钱、情感或者是安全感。比如说，如果你擅长赚钱，而你的伴侣正需要经济支持，那么你在家里就有地位，话语权也会相应地增强。

当然，这并不是说有了权力就可以随意支配对方，而是说在某些决策上，你拥有更大的影响力。

父母与孩子的关系，也是一样的。在孩子年幼的时候，他们完全依赖于父母提供的生活必需品和精神支持。这时候，父母拥有对孩子的主导权。但随着孩子逐渐长大，能独立捕获自己的“肉”时，他们对父母的依赖会逐渐减少，父母的权力也会随之削弱。

到时，父母手里的权力，便只剩“父母”这个名分。因为传统的孝道观念，以及社会对不孝之人的惩罚，令子女会听父母的话。但即便如此，权力也会逐渐转移。

等子女能自食其力后，家庭的指挥权，就会从老人手中转移到子女手里。除非，在子女眼中父母是强者，出于自身利益的考量，他们会选择继续听父母的话。

# 领导提拔你的原因，只有这点最真实

**威烈王二十三年（戊寅，公元前403年）**

赵简子之子，长曰伯鲁，幼曰无恤。

将置后，不知所立，乃书训戒之辞于二简，以授二子曰："谨识之。"

三年而问之，伯鲁不能举其辞，求其简，已失之矣。

问无恤，诵其辞甚习，求其简，出诸袖中而奏之。

于是简子以无恤为贤，立以为后。

## （一）史料故事

先说下当时的背景。

当时晋国还在，只不过被四个大家族把控，其中一个大家族，就是赵家。赵家主公赵简子，膝下有两个儿子，大儿子名叫伯鲁，小儿子名叫无恤。

时光荏苒，转眼到了要选择接班人的紧要关头。手心手背都是肉，赵简子犯了难：这两个孩子，到底谁更适合继承我的大业呢？

为了考验他们，赵简子下了一番功夫。他把治理国家的大道理，一条条、一款款，精心地写在了竹简上。随后，他把这份"作业"分别交给了两个儿子，并特意叮嘱他们："这是我一辈子的经验总结，要好好研读。"

两个孩子收下了竹简，懵懂地点点头。随后，三年时间过去了。

有一天，赵简子心血来潮，决定验收成果。他先找到大儿子伯鲁，想问问他对竹简上内容的理解。结果，伯鲁一脸茫然，那表情仿佛在说："竹简？啥竹简？"

赵简子一听，鼻子差点气歪了，再一问竹简的下落，已不知所踪。他无奈地摇摇头，又去找小儿子无恤。

没想到，无恤给了他个惊喜。小儿子不仅把竹简上的内容背得滚瓜烂熟，还顺手从衣袖里掏出那份珍贵的竹简，恭恭敬敬地递给了父亲。赵简子一看，心里便有了数。

就这样，经过一番考验和比较，赵简子最后拍板决定：立无恤为继承人。毕竟在他看来，这小儿子无恤不仅记忆力好，而且按照自己的意思认真执行，明显是更好的选择。

**（二）解析**

下面，我们分析一下这件事。

赵简子，春秋时期晋国赵家的家主，曾联手其他家族，一举扫平了范氏和中行氏这两大对头，稳稳当当地执掌晋国大权，长达十七年。

战国时期赵国的强盛，赵简子可谓功不可没。赵简子晚年的时候，就开始琢磨，得找个靠谱的继承人才行，毕竟这赵家大业可不能在他手里给断送了。于是，他采取了“训戒之辞”的教育法，旨在精心培养他的两个儿子。

赵简子很有耐心，一教就是三年，然后突击考核，看看这俩孩子到底谁更有出息。结果呢，两个儿子的表现，那是一个天上一个地下。赵简子一看，这还用说，肯定是无恤更靠谱。

于是，赵简子毫不犹豫地立了无恤为继承人。后来，无恤继承了赵家大业，人称“赵襄子”。他也非常能干，赵国在他的治理下国富民安。后世将其父子二人并称为“简襄之烈”。

**看了上面这则故事，大家的反应是什么？**

我想，大部分人都会觉得无恤是个听话的好孩子，他的父亲赵简子很贤明，将位置传给了肯用功的小儿子。后来结果也证明，选出的这个小儿子，确实表现不错。说实话，刚开始我也这么认为。

但仔细一想，那么大一块竹简（毕竟写了赵简子一生的经验），拿两天还可以，但天天拿着，而且三年一直随身携带，是不是有点不可思议？

本着了解真相的态度，我查阅了相关史料。结果，让我大吃一惊。

有一天，当时的算命大师姑布子卿来为赵简子看相。子卿大师，在当时十分有名，属于神算子之类的人物。那个时代还十分迷信，对这类人物十分推崇。

子卿大师来了后，赵简子把儿子们都叫出来，让大师给相相面。然而，子卿大师看了半天直摇头："这些孩子里，没一个能当将军的。"

赵简子十分忧愁："难道我赵家就要没落了？"

子卿大师神秘一笑，说："别急，我在路上碰见一个小孩，说不定就是您的孩子。"赵简子一想，赶紧把儿子无恤叫了出来。

无恤一出来，子卿眼前一亮："这才是真正的将军！"

赵简子一愣："这孩子的母亲非常卑贱，是从翟地来的婢女，哪里来得尊贵呢？"

子卿大师哈哈大笑："老天爷要赏饭吃，哪怕出身再卑贱，也能飞黄腾达！"

从那以后，赵简子就经常把儿子们叫来谈心。结果发现，无恤这孩子最有出息。有一次，赵简子故意跟儿子们说："我把宝贝藏在常山上了，谁找到就归谁。"

儿子们一听这话，都疯了似的跑到常山上翻找，结果什么也没找到。无恤回来，却慢悠悠地说："爹，我找到宝贝了。"

赵简子一愣："什么宝贝？快拿出来看看！"

无恤微微一笑："从常山上往下一看，代国尽收眼底，这不就是最大的宝贝吗？"

赵简子一听乐坏了，这才知道无恤果然是个奇才。于是，赵简子果断废了太子伯鲁，把无恤立为继承人。

在《资治通鉴》里，司马光只是轻描淡写地提了一笔，然后便表示，赵无恤因为才德兼备，最终被立为继承人。可仔细分析后才知道，事情哪有那么简单？无恤确实是德才兼备，但他上位的手段，却是十分精彩。

赵无恤凭什么能从一个庶出，摇身一变成了赵氏继承人呢？难道是他布了局，把自己给捧上去了？

从他当时的能力看，还远远不够，就算有子卿大师帮他推波助澜，聪明绝顶的赵简子，也不会轻易买账。

子卿大师说的那些话，顶多是给赵简子提个醒，可以留意一下赵无恤。

说到底，赵无恤能上位，还得靠家主赵简子。最大的可能，是赵简子本身就有动老大伯鲁的心思，然后进行布局，合理地把老大伯鲁废掉，然后将小儿子无恤推上去，避免内部矛盾。

**纵观赵简子提拔无恤的过程，主要分为三步。**

**第一步，借助公众信奉的神秘力量造势。**

神秘力量的代表，就是相面大师姑布子卿。两人一番对话之后，姑布子卿表示："你这些儿子里，有个孩子是未来的将军。"赵简子一听，心里很美，可嘴上还得装作疑惑的样子："哦？是哪个孩子？"姑布子卿微微一笑："就是赵无恤。"

赵简子一听，乐了，赶紧把赵无恤叫过来让大家看看。这一看不要紧，赵无恤的形象瞬间高尚了起来。

**第二步，赵简子开始用"业绩"说话。**

他给两位侯选继承人出了个难题：考校。考校的内容，主要是自己一生的心得体会，包括治理国家的方略、武艺等。

伯鲁恃宠而骄，不求上进，哪里懂得这些？自然是答不上来。而赵无恤呢？他早就得到了赵简子的暗中指点，自然是答得头头是道。这一番考校下来，伯鲁丢分严重，而赵无恤则赢得了满堂彩。

**最后一步，就是废长立幼了。**

经过前面的一系列操作，赵无恤的地位扶摇直上，而伯鲁则被踩在了脚底下。这个时候，赵简子再提出废掉伯鲁改立赵无恤的决定，那就顺理成章了。

虽然赵氏家族内部还有一些反对意见，但在赵简子的强势推动下，这些反对意见很快就被压制了下去。而且，大部分人是没意见的。因为无恤的"业绩"在那摆着，谁看了不赞叹一声：这孩子，太棒了！

**（三）通过这件事，我们能学到什么？**

从历史回到现实，从赵无恤上位的故事中，我们能学到什么？

**从领导的角度来看，要让众人信服地提拔一个人不简单。**

第一，得帮候选人搞定上级，让他们点头认可，这样才能减少变数，确保顺利提拔。第二，还得扫清那些竞争者，给候选人铺路，让他们顺利上位。第三，得帮候选人攒点业绩，这样才能让提拔看起来合情合理，堵住那些反对者的嘴。

**而从员工的角度来看，想要升职也不是那么容易。除了埋头干活提升自己的能力外，还得搞定三件事。**

第一，得让领导支持你，这样才能在众多竞争者中脱颖而出。第二，得获得更大领导的支持，这样才能在关键时刻得到有利的一票。第三，要攒够业绩，这样才能让领导有理由提拔你，堵住那些说闲话的人的嘴。

说到伯鲁和无恤两兄弟，实在是"无意者"和"有心人"的典型代表。伯鲁作为长子，天生就有继承人的优势，只要不出意外，顺利接班那是板上钉钉的事。可无恤呢，作为幼子，什么优势都没有，只能靠自己努力争取了。但是，这孩子是个有心人，时刻都在琢磨怎么赢得赵简子的信任。

据说，无恤把赵简子的“训戒之辞”当成圣旨来供奉。不仅时时背诵，还严格按照上面的要求行事。这样一来，在赵简子那里自然就留下了好印象。

而且，他还特别注重跟赵简子的信息沟通。一有什么风吹草动，他都能第一时间知道，并做出相应的准备，确实是下了一番苦功夫。

当然，作为家族领导的赵简子，也不是吃素的。当时的晋国，已经乱成一锅粥，四大家族争斗不断。谁还管什么长幼有序，有能力才能带领家族活下去。所以，当时赵简子选继承人，最看重的就是能力。

大儿子伯鲁不争气，他只能把目光放在其他儿子上。这时候，聪明好学的无恤，自然就吸引了他的目光。

当然了，无恤能赢得父亲的信任，靠的可不仅仅是能背诵训辞那么简单。更重要的是，他展现出了对父亲所布置任务的认真态度和执行力。这种靠谱的有心人，自然是领导眼中的香饽饽了。所以，赵简子才愿意为他筹谋。

由此可见，想要赢得领导的信任和支持，那就得做个有心人。领导交代的事，再小也是大事，要拿出百分百的态度和执行力去干好。

## 越往上走，越要学会拉拢盟友、分化敌人

### 威烈王二十三年（戊寅，公元前403年）

智伯请地于韩康子，康子欲弗与。

段规曰："智伯好利而愎，不与，将伐我；不如与之。彼狃于得地，必请于他人；他人不与，必向之以兵。然后我得免于患而待事之变矣。"

康子曰："善。"

**（一）史料故事**

人生在世，有些错误是千万不能犯的。因为一旦犯下，便可能会让我们付出沉重的代价，甚至会后悔一辈子。看完这段惨剧，你就明白了。

公元前455年，晋国已经被四大家族把控。这四大家族，分别是智、赵、韩、魏。其中，智家实力最强。

智家的家主智瑶是个枭雄，一直想着如何吞并其他三家。他的策略非常简单，就是直接要。没错，就是仗着自己家族势力强大，向韩、魏、赵三家强行索要城邑。

韩家和魏家，虽然心里憋屈，但迫于智家的实力，也只能是敢怒不敢言，最后都乖乖地交出了城邑。可到了赵家这里，情况就不同了。赵家的家主赵无恤很有骨气，果断拒绝了智瑶。

智瑶哪里受得了这种气？他平日里就是个傲慢的主，这下子更是火冒三丈。于是，立马拉上韩、魏两家，组成联军，浩浩荡荡地杀向赵家。赵无恤一看这架势，知道硬拼是不行了，得想个法子。

他灵机一动，想起了父亲赵简子生前的话："遇事不决，可去晋阳。"于是，他

便带着赵家的人马，一路狂奔，逃到了晋阳城。

智瑶决心斩草除根，亲率联军，把晋阳城围了个水泄不通。双方实力悬殊，联军的胜利似乎唾手可得。可没想到，晋阳城的城墙坚固得像铁打的一般，任凭联军怎么攻打，就是打不下来。

智瑶很是着急。这时，有人给他出了个主意：“晋阳城四周高，中间低，我们不如掘开晋河，水淹晋阳城。”

智瑶一听，觉得这个主意不错，就下令掘开了晋河。河水汹涌而入，晋阳城瞬间变成了一片汪洋大海。

晋阳城里的百姓遭了殃，锅碗瓢盆都漂了起来，人们只能爬到房顶上避难。粮食也吃光了，甚至出现了“易子而食”的惨状。可即便是这样，晋阳城的百姓们也没有一个投降的。

当然，百姓之所以不投降，是有原因的。因为赵家人对他们好。准确地说，是赵家派去晋阳的官员尹铎，对他们好。

尹铎这个人，很有意思，也很有本事。当年，他还是赵简子（赵无恤的父亲）的下属。赵简子派尹铎去晋阳，出发前，嘱咐他说，一定要好好经营。别看尹铎是下属，但他的眼光，比赵简子还犀利。

尹铎觉得，赵简子的指示实在是太模糊了，得搞清楚才行。于是，尹铎就向赵简子提出了治理晋阳的两种方案，让他二选一。尹铎的原话是：“以为茧丝乎？抑为保障乎？”

第一个方案，就是“茧丝模式”，把晋阳当成赵家的摇钱树和兵工厂，使劲榨取当地的资源和人口。当然，这样做很容易让晋阳的百姓反感，对赵家心生不满。

第二个方案，就是“堡垒模式”，加强晋阳的防御能力，对百姓施恩，让他们感念赵家的恩德。不过这样一来呢，赵家的收入和士兵数量肯定会减少一些。

尹铎就这样简单明了地，把两个方案摆在了赵简子面前，让他自己选。赵简子在钱和城之间犹豫了一下，最后还是果断选择了后者。

他选得没错，在竞争激烈的市场上，想要立于不败之地，就得先建立稳固的根基。这样一来，无论晋国发生什么事，赵家都能有个退路可走。后来事态的发展，完全证实了赵简子的先见之明。

智瑶站在高处，看着晋阳城里的惨状，得意地大笑：“看来，这大水还真是能灭国呀！”他身后的韩虎和魏驹听了这话，心里却打起了鼓。因为魏国的首都边上有汾水，韩国首都边上有绛水。今天智瑶能这样对付赵家，明天就能这样对付他们。

魏驹和韩虎这两人，脸上藏不住事。当时在他们身边的，还有一位智瑶的谋士絺疵。

絺疵一眼就看穿了他们的心思，便跟智瑶说："韩家和魏家肯定靠不住，必须防着。"

智瑶很疑惑，就问他是怎么知道的。絺疵说："人之常情！"他给智瑶分析了一下，说现在三家联军灭赵，本来是好事，可韩虎和魏驹却愁眉苦脸的，肯定心里有鬼。智瑶听了将信将疑，但也没太往心里去。

**可谁知第二天，智瑶也不知道哪根筋搭错了，竟然把絺疵的话，原封不动地告诉了韩虎和魏驹。**

这两人吓坏了，赶紧解释自己绝对没有反水的意思，还说絺疵是在挑拨离间。智瑶没多想，就信了。

两人灰溜溜地出门，结果在门口遇见了絺疵。他一看韩虎和魏驹的反应，就知道两人心里肯定有鬼。于是等两人一走，便去找智瑶："你怎么把我的话告诉他们了？"

智瑶一愣，问："你是怎么知道的？"絺疵说："看他们的表情就知道了。"

不得不说，这絺疵的观察力和判断力很强。他不仅能看懂人情世故，还善于察言观色。可惜，他碰上了智瑶这么个不听劝的主公。絺疵预感到大祸将近，赶紧找了个借口，跑路去齐国了。

絺疵一走，赵家这边就开始活动了。赵无恤的谋士站了出来，自告奋勇地出城去联络韩、魏两家。见了面后，直奔主题："你们看看赵家现在的下场，再想想你们的将来。如果我们不联合起来对抗智瑶，下一个遭殃的就是你们了。"

**韩虎和魏驹其实已经有了主意，形势如此，他们没有别的选择。**于是，在一个月黑风高的夜晚，韩虎和魏驹带着人马悄悄摸到了智瑶大营的坝上。一声令下后，手下士卒突袭，把智瑶的守军杀得措手不及。随后打开水坝，将晋河水引入智瑶大营。

智瑶的大营里，顿时变成了水乡泽国。智瑶做梦也没想到，自己会被用同样的方式报复。他带着残兵败将想要逃跑，可哪里还跑得掉？

赵、韩、魏三家的大军一拥而上，把智瑶军队杀了个片甲不留。智瑶呢？这位曾经不可一世的家主，最后落得个身首异处的下场。他的头颅被赵无恤砍下来做成了酒具，土地也被赵、魏、韩三家给瓜分了。

这场晋阳之战，便成了“三家分晋”的开端，也标志着春秋时代即将结束，战国时代即将来临。

**（二）解析**

对于智瑶的失败，司马光给出了一个很简单的答案：才胜德。

智瑶有才，可惜有才过了头，把道德给抛在了脑后。这就好比一架天平，一端是才能，一端是道德，两端得平衡才行。可智瑶呢？才能那边重得都快把天平压垮了，道德这边却轻飘飘的。结果大家都看到了，摔了个大跟头。

司马光把人分为四类：圣人、愚人、君子、小人。圣人和君子，是德才兼备的典范。愚人虽然没什么本事，但至少也不会惹是生非。可是小人，那就是个麻烦制造机，本事越大，惹的麻烦也就越大。所以，在用人的时候，宁可用愚人，也别用小人。

但回到历史上，智瑶失败的原因，不止“才胜德”这么简单。他在策略上也有很大失误。他那时候的实力，还不足以抵抗三家联军。结果呢，每家都欺负一下，生怕他们不联合起来。所以后来，三家联手一起把他给灭了。这就是典型的“心急吃不了热豆腐”。

**在实力还不够强大的时候，要学会拉拢盟友、分化敌人。建立统一战线，朋友多点，敌人少些。**

可惜，智瑶犯了这个错误，后来明朝的朱允炆，也犯了这个错误。要削藩，不能从最弱的开始削，应联合弱的，先对付强的。这样，赢的概率才会更大。

回到德不配位这个话题。引申一下，这就是认知和财富的关系。有些人突然中了彩票大奖、一夜暴富，结果呢？没过几年就破产了，回到原地。你说这是为什么呢？

答案很简单，因为认知和财富不匹配。人很难赚到认知外的钱，凭运气赚来的，最后也会凭“实力”亏完。这就是现实。怎么办呢？

一个人只要想进步，什么时候开始都不晚。从现在开始，一点一点学，去提高自己的认知。今天的每一个改变，都是在塑造更好的自己。

## 人生不瞎忙，首先要明白为何而活

**威烈王二十三年（戊寅，公元前403年）**

智伯之臣豫让欲为之报仇，乃诈为刑人，挟匕首，入襄子宫中涂厕。

襄子如厕心动，索之，获豫让。

左右欲杀之，襄子曰："智伯死无后，而此人欲为报仇，真义士也！吾谨避之耳。"乃舍之。

**（一）史料故事**

赵、韩、魏三家联合，把智瑶灭族。赵襄子非常痛恨智瑶，竟然把他的头砍下来，漆了一遍，拿来当酒杯使。如此仇恨，如此癖好，实在是有点令人毛骨悚然。不过，这也开了先例，后世的匈奴王，对月氏王也曾做过类似的行为。有人说，那头颅还被当成过尿壶。不过，这种对死者的不尊重，大家也没啥意见，毕竟智家都被灭族了。

可是，就有那么一个人，他可不甘心，一心想着要报仇。这个人，就是智瑶的家臣——豫让。他觉得自己受了智瑶的恩惠，不报此仇，誓不为人！于是，他一头扎进了深山老林，开始琢磨怎么报仇。可是，仅凭他一人，怎么才能刺杀赵襄子呢？

豫让想了个绝招，他把自己弄成犯人，然后混进宫里去做最脏最累的活——扫厕所。他随身带着把扫帚，还有把刀子，就等着赵襄子上厕所的时候，给他来个突然袭击。

有一天，机会终于来了。赵襄子选中了豫让埋伏的那个厕所，可就在他准备进去的时候，突然感觉不对劲，于是让侍卫先去检查一下。

结果，豫让就这么被抓了个正着。豫让坦荡耿直，直接承认了自己是来为智瑶报仇的。赵襄子听后，不仅没生气，反而认为豫让是个有情有义的人，便下令放了他。可豫让哪会这么轻易放过赵襄子呢？

他把这次行刺失败的原因归结于准备不足，于是又开始琢磨新计划。这一次，豫让文了身、吞了烧红的木炭，把自己弄得人不人鬼不鬼的，然后跑到大街上乞讨。就连他老婆从他面前走过，都没认出来。

有朋友劝他："你干吗这么折腾自己呢？直接假装投降赵襄子，然后趁他不注意杀掉他不就行了？"豫让却摇了摇头，说："我不能做这种让天下人耻笑的事，我要让后世人都知道我是个忠臣。"

过了一段时间，豫让终于打探到了赵襄子的行踪。他埋伏在一座桥底下，准备再次行刺。可赵襄子的马，刚到桥上就开始嘶鸣起来。

赵襄子觉得事情不对，便让人去搜，结果豫让又被抓了。赵襄子很气愤："当初智瑶灭掉你的主人中行氏的时候，你为什么不报仇呢？现在却死死盯着我不放？！"

豫让回答："中行氏以众人待我，我以众人报之；智伯以国士待我，我以国士报之。"

赵襄子听完："这次我不能再放你了。"

豫让毫不畏惧，答道："今日之事，臣固伏诛。"

当然，死之前他还有一个请求，"臣闻明主不掩人之美，而忠臣有死名之义"，意思是我还有个心愿，请君王脱下衣服，我刺几剑，以成全我报仇之心。

赵襄子听完，非常感动，当即就脱下衣服。豫让对着衣服刺了几剑，仰天说道："我已经尽力了，无愧于智瑶！"说完，伏剑自杀。赵国士人听此，无不流泪。

**（二）解析**

关于这个故事，有两种解读。

第一种解读，豫让是光明的化身，"士为知己者死，女为悦己者容"。他受到智瑶的厚待，从而以死相报，拼命刺杀赵襄子。

第二种解读，认为这是一场作秀。这种观点认为，是赵襄子导演了这场戏，而豫让是他派过去的间谍。

刺杀赵襄子的戏码，就是赵襄子和豫让联手演一出双簧戏，目的是展现赵襄子宽宏大量、不记仇的性格。这么做，就是为了给智家的旧臣看。你们看，连豫让这种刺杀我的家臣，我都能放他一马，你们还等什么呢？赶紧带着土地和人口投降吧，我保证你们的安全，绝对不会亏待你们！

可是，最后豫让为什么还是被杀了呢？其中的原因，是因为豫让知道太多的内幕。虽然，之前赵襄子给他保证，事成之后有亨不尽的荣华富贵，但是只有死人，才能保守秘密。

这么看起来，赵襄子这一箭双雕的计策，真是妙极了！既树立了自己不计前嫌的形象，又除掉了知道太多的豫让。这手段，真是高明得让人佩服！

支持这种论点的，证据就是赵襄子两次神奇的第六感。两次逃过刺杀，一次是巧合，第二次不可能还是巧合。

这么看来，该观点有点道理。但是，豫让最后的表现说不通。

大家是否还记得豫让死前的表现，他是慷慨就义的，而且还是自杀。如果他是间谍，被赵襄子许以荣华富贵，那么他是不可能自杀的。自杀，就说明他不在乎利。那他要什么呢？

答案是名！忠义之士的名！

很显然，守住节操，“士为知己者死”，替智瑶报仇就会实现愿望。所以，豫让是间谍的说法，可信度不大。

看历史，我觉得最重要的是尊重事实，不能为了权谋而权谋。在这件事上，我相信豫让的“士为知己者死”。这是一种精神，值得我们肃然起敬的精神。

很明显，豫让得到了大家的认可。在河北省邢台市邢台县翟村，曾经有一座石板桥，名为“豫让桥”，旁边还立有记载豫让事迹的石碑。传说，这就是千年前豫让刺赵襄子的地方。如今，桥已经不复存在了，但豫让的精神仍在传承着。这种精神，就是“明知不可为而为之”。

人这一辈子，要活得明白，就要搞清楚一个问题：**自己为何而活，为谁而活?**

智瑶一族被灭，豫让逃了，他大可以一走了之，可他没那么做。赵襄子抓了他又放了，他也可以就此消失，但他也没那么选。我想，就算给豫让一次重来的机会，他还是会选择为智瑶复仇到底，还是会选那条最难走的路。

这就说明了一个问题，只有一直坚持做的事，才是人生真正的追求，才是实现人生价值的所在，才是活着的意义。就像那句老话说的，“心之所向，素履以往”。

孔子所生活的时代，礼崩乐坏，但他还是选择了“传道授业解惑”，明知前路难行，依然从容以赴。诸葛亮亦如此，明知汉朝气数已尽，但还是跟随刘备，也是明知道难，但还是去做了。

所以，就算我们一辈子也追不上别人，就算我们注定像西西弗斯那样劳而无功，但我们的人生意义，还是要掌握在自己手里的。

人生最重要的两天，就是你出生的那天，和你明白自己为何出生的那天。如果说只有成功才能衡量人生价值的话，那豫让可就是彻头彻尾的失败者。他什么也没干成，跟谁谁就倒霉，刺杀也失败了。但他生得其所，死得其所，无怨无悔，活得明白通透。

你有没有发现？有些事情，就算明知道结果可能不好，但我们还是会去做。因为，错过了，比做错了更让人遗憾！

乔布斯说："死亡是最好的发明，它让人明白生命中最重要的是什么。"人生就这么一回，干吗要浪费时间，去做那些对自己来说根本不重要的事情呢？

生命这么短暂，为什么要活在别人的阴影里，重复别人的生活，去迎合别人的期待呢？人这一辈子，混得再厉害，最后谁不是一把灰？

有的人忙着生，有的人忙着死。那你呢？你想自己的墓志铭上写什么？跟着自己的心走，别让人生留下遗憾。

# 第二章

# 诸侯争雄，组织要发展壮大，领导者必须给人才提供施展拳脚的土壤

# 再大的领导，也需要自我包装

**威烈王二十三年（戊寅，公元前403年）**

魏文侯以卜子夏、田子方为师，每过段干木之庐必式。四方贤士多归之。

文侯与群臣饮酒，乐，而天雨，命驾将适野。左右曰："今日饮酒乐，天又雨，君将安之？"文侯曰："吾与虞人期猎，虽乐，岂可无一会期哉！"乃往，身自罢之。

韩借师于魏以伐赵。文侯曰："寡人与赵，兄弟也，不敢闻命。"赵借师于魏以伐韩，文侯应之亦然。二国皆怒而去。已而知文侯以讲于己也，皆朝于魏。魏由是始大于三晋，诸侯莫能与之争。

**（一）史料故事**

历史上，每个国家的崛起，都与其领导者的智慧与决策密不可分。

在群雄逐鹿的战国时代，魏国率先崛起成为霸主。魏武卒天下无敌，秦人见了都要避其锋芒；无数士人争相入魏，形成"河西学派"。这一切的幕后布局者，都是魏文侯。

作为战国首霸，魏文侯的行为可圈可点。他对于人性的理解之深刻，运用之巧妙，堪称一代教父。《资治通鉴》记载了他的三件事。

**第一件事。**

当时有几位名气很大的儒家学者，比如卜子夏、田子方。这位卜子夏，是孔子的高徒。孔老夫子的那句名言"过犹不及"，说的便是他。

孔子给自己最优秀的十个弟子分门别类，分成德行、言语、政事、文学四科，每一科都有代表人物。而卜子夏，就是文学的代表。不过，当时的文学，指的是典籍和礼乐方面的知识。后来，这十位大弟子和四科的代表，被称为“四科十哲”。

大家如果去孔庙，会发现孔子两边还有一些人物，其中，就有这位子夏。在当时，子夏非常有名，是位学术巨星。另外的那位田子方，地位也相差不大。所以，魏文侯就把他们请了过来，当成老师一样供着，给他们修场地，让其在魏国开课。

还有一位隐士，名气也很大，叫段干木。这个人脾气很怪，不愿意投奔魏文侯。每次魏文侯来，他都躲着。文侯没有办法，每次路过段干木家门口，只能低头扶车把，表示敬意。经过这一手操作，魏文侯爱才的名声不胫而走，天下的英才争相来到魏国。

**第二件事。**

有一次，魏文侯跟大臣们喝得正欢，突然天降大雨，他愣了愣，似乎突然想起什么重要的事，下令让人备车。手下人都很疑惑：“外面雨下得这么大，君王这是要去哪呢？”

魏文侯一本正经地说：“我跟管林子的虞人约好了今天打猎，虽然喝酒很开心，但我也不能失信于人！”于是，他冒雨前往，亲自告诉对方打猎活动取消。

**第三件事。**

当时，韩国想借魏国的兵去攻打赵国。

韩国使者上门后，魏文侯摆摆手说：“赵国跟我是兄弟国家，这事儿我不能干！”后来，赵国也来借兵攻打韩国，魏文侯还是那句话：“韩国跟我是兄弟国家，这事儿我不能干！”

两国使者都气呼呼地走了。后来他们才知道，魏文侯对两边都是这么说的，都感动得不行，纷纷来魏国道歉。就这样，魏国成了三晋之首。

看完这三件事，魏文侯为什么能成功，你大概能明白了。

**除此之外，魏文侯还是个知错就改的人。**

当时，他派乐羊去攻打中山国，攻下后就把这块地封给了自己的儿子魏击。之后宴请群臣，魏文侯得意洋洋地问大臣们：“你们说，我是个什么样的君主？”大臣们齐声回答：“仁君！”

有个叫任座的臣子却唱反调：“主公您得了中山国，不封给弟弟却封给儿子，这哪儿能算是仁君呢？”魏文侯一听就火了，任座见势不妙，赶紧起身走人。他又问翟璜怎么看。翟璜说：“您绝对是仁君！”魏文侯好奇地问：“何以见得？”翟璜解释道："我听说君主仁德，臣子就敢直言。任座能当面这么说您，可见您是个仁君！"

魏文侯听了大喜，赶紧让翟璜把任座请回来，还亲自下堂迎接，待如上宾。

**（二）解析**

看完上面的故事，我想大家对魏文侯有了一定的了解。他爱才，而且喜欢表演。不过你也许会疑惑：他招来子夏这样的人才，对富国强兵有多大帮助呢？实际上，魏文侯很聪明。

**第一，子夏是什么人才并不重要，重要的是，子夏是位享有盛誉的学者，他的名气本身就是一种价值。**魏文侯只要给予他足够的尊重，哪怕不让他做任何事，都能向外界传达出求贤若渴的信息，吸引无数人才前来投奔。

**第二，子夏虽然个人力量有限，但他的学生众多，其中不乏出类拔萃之辈。**比如后来的改革家李克和名将吴起，都是子夏的门生。因此，魏文侯厚待子夏相当高明。在人才看来，这种没真才实学的人都如此看重，那自己去了魏国，一定能出人头地！

这种千金买马骨的行为，后世很多名人都曾效仿，比如说刘备。当年刘备入川的时候，当地有个名士叫许靖，刘备觉得他没有真才实学，徒有虚名，便不想用。但法正却劝刘备："你用他，远近的人都会知道你爱才。"一个道理。

当然，作为一名成功的领袖，仅有礼贤下士的姿态是不够的，还需要具备其他方面的素质。

**接下来，魏文侯着手塑造自己的"信用"品牌。**

他通过一场下雨也要赴约的表演，成功地在臣僚面前展示了自己信守诺言。这场表演，虽然在我们今天看来有些夸张，但在当时却起到了非常好的效果。它让人们看到，魏文侯连对小官和小事都如此守信，那么对高官和大事就更不用说了。这就是魏文侯的"小信用"。

而在国家层面上，他也同样注重"大信用"。对三晋的两位兄弟，以诚相待。那么，韩国和赵国真的被他的诚意打动了吗？都是经历过无数腥风血雨的狠角色，对战国乱世的残酷现实有着深刻的认识。韩、赵之所以最后能够做出兄弟姿态，最有可能的原因，是认同了魏文侯的大局观，认为三晋应该同气连枝，共同应对外敌的威胁。

从地理位置上看，三晋处于四战之地，任何一个方向都存在着战争威胁。这种地理格局，使得三晋之间的关系显得尤为重要。如果三晋能够保持友好的联盟关系，那么他们就有可能在这个险恶的环境中生存下来。而魏文侯的外交策略，正是基于这样的考虑。

他没有直接向韩国和赵国说明自己如何拒绝了对方的请求，而是留足了时间让信息自然发酵、传播。这样一来，当韩国和赵国自己发现真相时，他们不仅会对魏文侯产生信任，还会因为自己的误解而感到愧疚。

因为，人性就是这样，对别人主动送来的信息疑神疑鬼，而对于自己发现的则格外重视。

由此看来，魏文侯对人性的理解相当深刻。**通过“礼”与“信”，他成功塑造了自己的品牌。**

稳定了内部，下一步，魏国的扩张就开始了。之后，便是大将乐羊攻下中山国，魏文侯宴请群臣。结果，宴席上直臣任座触怒了魏文侯，随后由于害怕，自己逃了。

翟璜出场解围：“只有在仁厚的君主麾下，才会有那种心直口快的忠臣。刚才任座直言不讳，正说明您是位仁慈宽厚的明君。”

这话说得确实有水平，既恭维了领导，又给对方留足了面子，更重要的是，没有违心之言，轻而易举地化解了一场潜在的冲突。

魏文侯听后自然十分开心，他立刻派翟璜去请回任座，并且亲自走下堂来迎接任座，还将他奉为上宾。

这件事，听起来是不是有点耳熟？没错，类似的故事在唐朝也上演过一次。只不过那一次的主角换成了唐太宗、魏征和长孙皇后。

历史总是会用这种类似于情景剧的方式，来演示那些经典的人际关系问题，并给出一些模式化的解决方案。对于那些善于从中汲取智慧、活学活用的人来说，确实能够收获不少宝贵的经验。

不过，其实魏文侯做得也没错。他把儿子魏击封到中山国，有不得已的苦衷。因为中山国不但新附不久，人心未定，而且距离魏国本土太远，有必要派最亲近的人前去坐镇。

听了任座的话后，魏文侯怎么做的？态度确实改了，向任座道歉。但是，儿子魏击还是被安排在了中山国。魏文侯还是很聪明的，他搞得清什么是作秀，什么是现实。

任座不懂魏文侯的难处，不懂得中山国的风险，他只懂得分封。这也给我们提了一个醒：别人提的建议，有好有坏，不能全盘接受。态度上一定要虚心听，但取不取，自己心里一定要有主见。

# 想当好领导，一定要懂得放权

**威烈王二十三年（戊寅，公元前403年）**

文侯与田子方饮，文侯曰："钟声不比[①]乎？左高。"田子方笑。文侯曰："何笑？"

子方曰："臣闻之，君明乐官，不明乐音。今君审于音，臣恐其聋于官也。"文侯曰："善。"

**（一）史料故事**

有一次，魏文侯和田子方一起喝酒，听着编钟的音乐似乎有点儿不对劲，就问："这乐音是不是左边挂高了？"

田子方笑着摇摇头说："主君，您应该关心的是乐官是否称职，而不是乐音准不准。如果您连乐音准不准都知道了，那恐怕就不知道乐官是否称职了。"

这番话，让魏文侯恍然大悟。

**（二）解析**

说到田子方，估计有很多人不熟悉。他是孔子著名弟子子贡的学生，当时的名气很大，被魏文侯聘为老师。

这段史料很短，但寓意很深。有些朋友看完，第一反应就是魏文侯听人劝，是个贤明的君主。但是如果你仔细一想，田子方的建议，确有道理。而且即便是过了两千多年，这个建议到今天仍然适用。

---

① 比：悦耳，和谐。

这个道理，就是各司其职。

一个团队若想长久稳健地发展，必然需要每个成员都明确自己的职责，扮演好各自的角色。

高层，定好方向；中层，把信息传达到位，协调好人员；基层，做好贯彻落实。就拿魏文侯来说，他身为一国之君，首要任务是治理国家、选拔人才，而不是沉迷于音乐无法自拔。

田子方看得很透彻，他直言不讳地告诉魏文侯："国君，你的职责是管理国家，而不是弹琴唱歌。"这话虽然直接，却道出了管理的真谛。

魏文侯作为领导者，他的角色不是乐师，而是国家的掌舵人。他需要关注的是国家大局，而不是个人的兴趣爱好。

同样地，在现代职场中，领导者和下属也有着明确的分工。

管理和执行是两种截然不同的能力。指挥一支庞大的军队和亲自上战场冲锋陷阵，所需要的能力和技能是完全不同的。作为领导者，他们的首要任务是掌控全局，识人用人，确保整个组织的稳定运行。相比之下，具体执行层面的下属则需要具备更加专业和精湛的业务能力。

刘邦与项羽，就是很好的例证。项羽英勇无比、战无不胜，但最终却败给了看似平凡的刘邦。原因何在？就在于刘邦更懂得用人之道、更擅长管理团队。

刘邦知道自己的长处和短处，能够充分发挥团队成员的优势并弥补自己的不足。而项羽则过于自负、独断专行，无法有效整合团队资源并最终走向了失败。

身为上层领导，要做的事是定方向，至于事情具体的落实，还要交给底下人来做。要懂得放权。这样，底下人干得也有劲。

所以说，一个高效的团队必须遵循"各司其职"的原则。每个成员都要明确自己的职责和定位，做到不越位、不缺位、不错位。只有这样，整个组织才能像一部精密的机器一样高效运转。

同时，管理也是分层级的，不同层级的管理者应该各司其职，不越位、不缺位。特别是高层管理者，更应该把握大局，关注整体，而不是陷入琐碎的事务中。

然而，有些领导者却容易犯下"越位"的错误。他们可能对某一领域非常精通，因此喜欢亲自处理该领域的事务，甚至包办代替下属的工作。这种做法，虽然能够暂时提高工作效率，但长此以往却会削弱下属的工作能力和积极性，对整个组织的长期发展极为不利。

诸葛亮是一代贤相，但事必躬亲的做法，却导致了蜀汉政权后期人才匮乏的局面。这是因为诸葛亮过于关注细节，忽视了培养下属的重要性。

因此，一位优秀的领导者，应该懂得放手让下属去处理问题、承担责任。只有这样，下属才能得到锻炼和提升，整个组织才能保持活力和竞争力。

**管理组织就是协调身体，器官各司其职，脑子负责谋划、思考，双手负责实践，这样才能正常新陈代谢。**

# 千古识人术：认清一个人，五点就够了！

**威烈王二十三年（戊寅，公元前403年）**

文侯谓李克曰："先生尝有言曰：'家贫思良妻，国乱思良相。'今所置非成则璜，二子何如？"

对曰："卑不谋尊，疏不谋戚。臣在阙门之外，不敢当命。"

文侯曰："先生临事勿让。"

克曰："君弗察故也！居视其所亲，富视其所与，达视其所举，穷视其所不为，贫视其所不取。五者足以定之矣，何待克哉！"

文侯曰："先生就舍，吾之相定矣。"

**（一）史料故事**

古人说："画虎画皮难画骨，知人知面不知心。"要了解一个人的内心，就像辨别木材的好坏，那得等上七年才能见分晓。

不过，《资治通鉴》记载了一种识人的方法，通过这五点，基本可以看清一个人的真面目。下面，来讲讲这段史料。

这天，文侯找到李克（也就是李悝变法的那位，同一个人），闲聊起来："先生曾经说'家贫思良妻，国乱思良相'，现在我准备在魏成和翟璜两人中择一人为相，你觉得他们俩谁更合适呢？"

李克一听，这事不好直接回答，赶紧推脱说："主公，您这可是让我为难了。我只是个小小的臣子，哪里敢对这种大事指手画脚呢？您还是另请高明吧。"

文侯听了，十分不高兴："别给我打太极，关键时刻你可得给个建议。"李克见推辞不过，只好说：“那好吧，既然您非要我说，那我就说说我的看法。要判断一个人是否可以为相，可以从五个方面入手：平时看他跟什么人亲近，富了看他把钱花在什么地方，显贵了看他推荐什么人，落魄时看他坚守什么原则，贫穷时看他拒绝什么诱惑。通过这五个方面，您就可以自己判断谁更合适了。”

文侯听了，满意地点了点头：“我心里有数了。”

李克出去后，翟璜赶紧跑过来问：“听说主公问你选相的事了，最后定下来是谁了吗？”

李克说：“事情没有定，不过主公心里已经有数了，应该是魏成。”

翟璜一听就火了：“我为主公推荐了不少人才！西河守吴起、邺令西门豹、乐羊、屈侯鲋，还有你李克，哪个不是我推荐的？”

李克看着翟璜气急败坏的样子，忍不住笑了：“你推荐的这些人确实都不错，但是跟魏成比起来还是差了些。魏成大部分的时间都在外面奔波，这才寻找到了卜子夏、田子方、段干木这三位大师。魏成推荐的人才，主公以师礼相待。而你推荐的五个人，主公虽然也很重用，但是都是以臣子的身份来对待。你说，你怎么能跟魏成比呢？”

翟璜一听，当场愣住，随后立即道歉：“确实是我狭隘了。我愿意拜你为师，跟你学习。”说完，恭恭敬敬地向李克行了拜师礼。

**（二）解析**

这段史料的核心，是李克讲的识人五法。但在此之前，有件事有必要再讲一下。

请大家注意李克当时所处的场景。有一个重要职位，领导问他该选谁。这个问题相当危险，不管怎么回答都会得罪人，相当考验人。李克的表现，相当完美。

首先，他表示谦虚，引用了一句至理名言：“卑不谋尊，疏不谋戚”。

李克作为地方守令，深知自己的职责和身份。当魏文侯向他咨询相邦人选时，他明白这是涉及百官之首、未来顶头上司的重大决策。因此，他以“卑不谋尊”为由，婉言表达了自己的谦逊和回避。然而，魏文侯对李克的谦逊并不满意，他坚持要求李克发表意见。

在这种情况下，李克明白作为臣子有向君主进言的责任。于是，在魏文侯的敦促下，他开始就相邦人选发表看法。

**但他并没有直接指出谁更合适，而是提出了考察高级人才的五个方面，让魏文侯自己做出判断。**

这样既回答了问题，又展示了高超的应对技巧，同时避免了直接做出选择的尴尬。

李克的这种应答方式，非常值得我们学习。你下次再遇到类似的场景，就知道如何回答了。这就是学习历史的好处，向成功者学习，人生少走弯路。

接下来，我们言归正传，聊聊选人用人。

不管是古代，还是现代，选人用人都是大事。一个国家的繁荣与衰败，往往取决于领导者能不能选对人、用好人。

这就像现在的公司一样，如果老板独具慧眼，能挑选出那些脚踏实地、勤勉工作的人，那公司自然能蒸蒸日上。反之，如果老板看人不准，选了些只会溜须拍马、不干实事的人，那公司迟早得走下坡路。

**那么，选拔人才都有哪些标准呢？**

德才兼备肯定是首要的。但问题是，这“德”和“才”都不是一眼就能看出来的，特别是对于那些身居高位的人来说，更得全面深入地考察才行。这就好比咱们现在要提拔一个部门经理一样，不能光看他业务能力怎么样，还得看他有没有领导才能、能不能带好团队。

对此，李克的建议，是从五个方面来考察他们：

**第一，居视其所亲。看他们平时，都跟什么人交朋友。**

俗话说，“近朱者赤，近墨者黑”。一个人跟什么样的人接触，就容易变成什么样的人。就像那唱歌的找唱歌的，做菜的找做菜的，大家兴趣爱好相投，自然就走得近。

有人还说，想了解一个人，看看他身边的朋友就知道了。这话不假，你想，如果一个人的朋友都是那种势利眼、小人，那他能好到哪儿去呢？你看看那些腐败的官员，他们身边都是些什么人？都是些心术不正、唯利是图的家伙。所以说，想要了解一个人，先看看他的朋友圈子就对了。

**第二，富视其所与。看他们有钱的时候，是怎么花的。**

孔子有个观点，就是说富裕的人应该有好的礼节和修养，这应该算是他们的基本素质。

有了钱之后，应该懂得怎么把这些财富用在正确的地方，比如帮助那些急需救援的人，对亲戚朋友们伸出援手等。像宋朝的名臣范仲淹，他发达之后，不是光顾着自己享乐，而是设立义田，专门用于资助家族里那些穷困的子弟。这个例子，很好地说明了一个人有了钱之后应该怎么花。

反过来讲，如果一个人即使有钱，但是不懂得怎么花钱，只知道像守财奴一样攒着，或者贪得无厌，只想着自己怎么捞好处，那这样的人，难堪大用。

相邦要管理国家大事，必须懂得怎么把钱用在利国利民的地方，才能让国家富强，百姓幸福。所以，一个人如果只会攒钱或者贪图小利，那肯定是不适合当一国之相的。

**第三，达视其所举。看他们有权有势的时候，都举荐了些什么样的人。**

一个人发达后，如果推举的都是贤人，那么这个人就适合当宰相。如果他把自己的亲戚朋友都推举上，那么可以看出，这个人只有私，没有公。

**第四，穷视其所不为。看他们遇到困难的时候，能不能坚守原则和底线。**

在古代，“穷”字不是没钱。那时候的“穷”，是指走到了尽头，山穷水尽，一点办法都没有了。举个例子，文天祥拼尽全力抵抗蒙古的入侵，可最后还是没能挽回大局，被抓起来关在了大都。他当时的处境，就是“穷”。

忽必烈看重文天祥的才华，派了很多人去劝他投降。可文天祥呢，他硬是不为所动。最后写下了一篇《正气歌》，然后就慷慨就义了。

在《正气歌》里，有这么一句话：“时穷节乃见，一一垂丹青。”这句话的意思是说，在最困难的时候，才能真正看出一个人的气节。这种气节，就是文天祥的底线，无论他遇到多大的困难，哪怕是生死关头，他都不会放弃自己的原则。

**第五，贫视其所不取。看他们贫困潦倒的时候，有没有远大的志向和操守。**

“贫”，就是物质上的匮乏，缺衣少食，生活过得紧巴巴的。人一旦穷到这个地步，很容易会为了生存铤而走险。

不过，如果一个人在最穷困潦倒的时候，还能坚守自己的人格尊严，有追求，有抱负，那这种人，就有资格做宰相。

孟子有句名言，“贫贱不能移”，意思是即便你身处贫困之中，你的志向和品格也不能被改变。

以上五点全都做到，那必然就是相邦的人选。魏文侯明白了，所以他选了魏成。

结果另一个候选人翟璜不乐意了，质问李克为什么不推荐自己。

李克当即就问：推荐吴起等人是否为了拉帮结派，谋求个人的权力和富贵？翟璜当然否认。

随后，李克列举了魏成的两大优点：愿意散财接济他人，识人的层次高。而这些，都是翟璜做不到的。

结果，翟璜如梦初醒，立刻向李克道歉，并表示愿意以师礼相待。

由此可见，翟璜确实是一位难得的贤达之人，他能够知错就改，不固执己见。如果换作一般人，可能会因为李克的直言不讳而心生怨恨，甚至断绝交情。

孔子曾经说过："无友不如己者。"确实如此，在交友过程中，我们应该选择那些品德高尚、才华横溢的人为伴，而不是与那些不如自己的人为伍。像李克这样的朋友，才是真正的益友。

其实，翟璜的气度也非常值得我们学习，能成为这种人，也算是当今的佼佼者了。

# 战神吴起，为什么越是打胜仗，越被嫌弃？

**威烈王二十三年（戊寅，公元前403年）**

吴起者，卫人，仕于鲁。齐人伐鲁，鲁人欲以为将，起取齐女为妻，鲁人疑之。起杀妻以求将，大破齐师。

或谮之鲁侯曰："起始事曾参，母死不奔丧，曾参绝之。今又杀妻以求为君将。起，残忍薄行人也。且以鲁国区区而有胜敌之名，则诸侯图鲁矣。"

起恐得罪，闻魏文侯贤，乃往归之。

文侯问诸李克，李克曰："起贪而好色，然用兵，司马穰苴弗能过也。"于是文侯以为将，击秦，拔五城。

**（一）史料故事**

吴起曾率领五万魏兵击败秦国五十万军队。有人说，他的军事能力在白起之上。到魏则魏强，至楚则楚兴。一生大战七十六次，全胜六十四次。可惜，有如此能力的人物，一生的经历却十分悲哀。

吴起是卫国人，不过当时卫国没什么前途，他便跑到鲁国，谋了个官职。出发前，他对母亲说了一句壮志豪言："不当卿相，决不回卫。"

这是一个有志向的男人。

当时，齐鲁两国交战，鲁国就想派吴起去迎战。可有个问题，吴起娶了个齐国的媳妇。鲁国人就开始犯嘀咕了：他会不会是个卧底？

问题传给了吴起：媳妇和前程，该选哪个？

他想了想，一咬牙一跺脚，把媳妇给杀了，以示自己的清白和决心。然后，吴起率军与齐国军队作战，结果大获全胜！

可悲的是，人怕出名猪怕壮。这时候，就有人开始在鲁侯耳边嘀咕：“吴起这家伙，以前跟曾参混过，他母亲死了他都不回去奔丧，曾参都跟他绝交了。现在，为了当上大将，连媳妇都杀了，充分说明，他就是个残忍无情的人。我们鲁国用这种人，迟早要出事。”

鲁国国君一听，有道理，就开始疏远吴起。吴起感觉不对劲，赶紧脚底抹油，溜了。

当时，魏文侯经过一系列的表演，爱才的名声已经打了出去。吴起一琢磨，就跑去投奔他了。

按理说，求贤若渴的魏文侯应该十分高兴。但是，当他听说吴起来时，心里却犯了嘀咕。自己拿不定主意，他便去问谋臣李克。

李克向他解释：“吴起贪财好色是没错，但若是论起打仗来，连司马穰苴这种名将，都要甘拜下风。”

魏文侯一听明白了，赶紧热情地接待了吴起，并且拜为大将。果然，吴起没有辜负魏文侯的期待，一出手便拿下了秦国五座城池。

**（二）解析**

领导者用人的思路，在于用其所长，避其所短。有德才兼备的最好，但人无完人，哪有那么多各方面都优秀的人呢？

**现实的情况是，人才往往都有自己的短板。作为老板，你必须接受这个现状。把人才安排到合适的岗位上，发挥他的长处。**

后来的陈平，跟吴起是一类人。有谋略，为刘邦打天下贡献了很多毒计。但是，他在道德上是有瑕疵的，但是刘邦对此不以为然。刘邦知道，手下的人能干活就行，至于其他的，暂时不用考虑。

谋臣，有谋略就行。武将，能打胜仗便超过一切。

吴起就符合这条规矩，当年率领弱小鲁国的士兵，竟然能击败齐国，其实力可见一斑。

那么，吴起打仗为何这么厉害呢？《资治通鉴》上有一段记载。

起之为将，与士卒最下者同衣食，卧不设席，行不骑乘，亲裹赢粮，与士卒分劳苦。

卒有病疽者，起为吮之。卒母闻而哭之。

人曰："子，卒也，而将军自吮其疽，何哭为？"

母曰："非然也！往年吴公吮其父，其父战不旋踵，遂死于敌。吴公今又吮其子，妾不知其死所矣，是以哭之。"

这段话的意思是，吴起当了将军后，跟士兵们同吃同住同劳动，睡觉连席子都不铺，行军也不骑马，亲自背着干粮跟士兵们一起行走。甚至，有士兵生了毒疮，吴起还亲自给他吸脓血。

这一招十分奏效。如果换作是你，平日里高高在上的将军，竟然为你吸脓血，你会不会以死报答？

当然了，这是吴起的一种手段，主要是给其他士兵看的。被吸脓血士兵的母亲，就看得很明白。

听到这件事后，这位母亲不仅没有感到荣耀，反而开始慌了，"我儿子只是个普通士兵，将军却亲自给他吸脓血，这叫我怎么办啊？"旁边的人就奇怪了："你儿子受了将军这么大的恩惠，你哭什么？"士兵的母亲说："不是这样的！以前吴将军也给我家老头子吸过脓血，结果我家老头子非常感动，打起仗来不要命，最后就战死沙场了。现在吴将军又给我儿子吸脓血，我都不知道我儿子会死在哪个战场上。"

之前我们谈了一个人物：豫让。他有句名言："士为知己者死。"吴起这样对待士兵，那么士兵自然大家也会为他卖命。

《孙子兵法》里有句话："上下同欲者胜"，说的就是这个道理。吴起带兵上下一心、士卒拼命，所以魏军所向披靡，战无不胜。

## 搞垮吴起的毒计，阴险毒辣，见证人性的可怕

**周安王十五年（甲午，公元前387年）**

魏文侯薨，太子击立，是为武侯。

武侯浮西河而下，中流顾谓吴起曰：“美哉山河之固，此魏国之宝也！”

对曰：“在德不在险。昔三苗氏，左洞庭，右彭蠡，德义不修，禹灭之；夏桀之居，左河济，右泰华，伊阙在其南，羊肠在其北，修政不仁，汤放之；商纣之国，左孟门，右太行，常山在其北，大河经其南，修政不德，武王杀之。由此观之，在德不在险。若君不修德，舟中之人皆敌国也。”

武侯曰：“善。”

**（一）史料故事**

吴起帮助魏国富国强兵。然而在新君继位后，却因中计失了荣宠。这条毒计，即便我们现在看，也实在歹毒。

公元前387年，英明了一辈子的魏文侯去世。他的儿子魏击即位，也就是魏武侯。

某天，魏武侯顺着西河漂流而下，一路上优哉游哉，对身边的吴起感慨地说：“你看这山河美景，简直就是我们魏国的天然屏障！”

吴起见状，说了很长一段话：“国家真正关键的防御墙，不是地势的险要，而是国家的德行。想当年三苗氏坐拥洞庭、彭蠡两湖，却因为缺德少义被大禹给灭了。后来，夏桀王依靠黄河、济水的天险，还有泰华山的坚固，却因为残暴不仁被商汤取而代之。再看看商纣王，左边是孟门山，右边是太行山，常山在其北，黄河又流经其

南，可谓地理位置得天独厚，却因为不积德行善被周武王灭了。所以，关键还是得看德行。如果不修德政，恐怕这船上的人都可能成为敌人。”

面对吴起的长篇大论，魏武侯只回了一个字：“善。”

**（二）解析**

常言道：“字少事大。”这个道理，在魏武侯身上也适用。即便隔了两千多年，我们现在看来，也能感受到他当时的不愉快。

毕竟，修炼出好气度真的很难。吴起用自己的案例，为我们带来一个人情世故方面的教训：作为一个成熟的下属，在向领导提建议前，一定要摸清楚对方的脾气和喜好。不然，很可能引起对方的反感。用《孙子兵法》的话来讲，这就是“知己知彼，百战不殆”。

若是换一个贤明的领导，吴起应该会被赏识。但是，这位刚上台的领导，显然对吴起的直言不满意。

事实很快就印证了。魏国要选相邦，选来选去，选中了老成的田文。吴起很不高兴，他找到田文说：“为什么是你当宰相，来比比功劳如何？”

随后，他便开始列举自己的功劳：“我统领三军，让士兵们勇往直前，敌人国家都不敢来犯，这点你比得上我吗？”田文摇头说：“我不如你。”

吴起又问：“我治理百官，亲民如子，充实国库，这点你又如何？”田文又摇头说：“还是你厉害。”

吴起得意地说：“我镇守西河，使得秦国不敢东进，韩国、赵国都听从我们的号令，这点你又怎能比得上呢？”田文还是摇头说：“确实比不上你。”

吴起急了：“既然你样样都不如我，那为什么职位还在我之上呢？”这时候，田文慢悠悠地说：“现在国君年幼，国家动荡不安，大臣们心怀各异，百姓也信任不足。你说说看，这种时候，是你更合适还是我更合适？”

吴起听后沉默了许久，最后不得不承认：“还是你更合适。”

当时的魏国很强，但也不太安稳。因为魏文侯去世了，儿子魏武侯即位。有威望的老领导去世，新上任的年轻人没有经验，做事冲动，十分容易引发动荡。当时的魏国，就是这种情况。

新领导是个什么样的人？他有什么方向？底下的臣子、老百姓都不知道。所以，在这种复杂的环境下，老成持重的田文被选为宰相。因为那时魏国最需要的是稳定。

为什么吴起不行呢？原因我们上篇文章有提到，吴起打仗很行，但是道德上有瑕疵。用当时的话来讲，就是德行有亏。让他辅佐少主魏武侯，魏家不太心安。出来混，总是要还的。当年为了当将军，杀掉自己妻子，这个业报还是出现了。吴起没能成为相邦，不过幸好，他还是将军。对他而言，打仗才是专业。

但是不幸的是，很快他连仗都不能打了。吴起在魏国卓有成绩，有人看不下去了，决定给他降降温。这个看不下去的人，叫公叔痤，时任魏国相国。

公叔痤之所以针对吴起，是因为妒忌，他怕自己被取而代之。可是，思来想去，他又想不到主意，只能唉声叹气。有位幕僚知道了，就出了条毒计。公叔痤听完后，直呼大事可成。

毒计分为两步。

第一步，公叔痤先对国君说："吴起虽然是贤人，但我们魏国小，我担心他不会真心留下来效力。国君不如试着把公主嫁给他，看看他是否真心？如果他不愿意那就是不真心。"

第二步，公叔痤邀请吴起到家里吃饭，让公主（公叔痤的夫人）故意羞辱自己一番，让吴起看到公主的泼辣劲。他一看，肯定就吓得不敢娶公主了。

果然，吴起中计。

他看到魏国的公主蛮横，对人随意打骂，公叔痤作为丈夫，活得没有一点尊严，于是赶紧谢绝了婚事。自此，魏武侯开始怀疑吴起的忠心。

吴起也察觉到了危险，于是赶紧逃离魏国，投奔了楚国。这个套路很阴暗，但毋庸置疑，它非常好使。因为这条毒计，利用了人的一种心理：宾果效应。

**人们往往对别人主动给的信息不相信，但是对于自己实际验证过的，却打心底里认可。背后的逻辑也很简单，个人经验往往被视为最可靠的知识来源。**

公叔痤通过让吴起亲自"验证"公主的性格，使得吴起对公主产生了负面的印象，从而做出拒绝婚事的决定。这个决定，又进一步影响了魏武侯对吴起的看法。环环相扣，步步杀机！

简单总结一下小人的害人过程：

**第一步，跟领导提一下关于某位同事的心态问题。但口说无凭，同时建议领导，做个实验验证一下。**

**第二步，给同事挖坑，让这位同事在不知不觉中配合自己的实验。通过一些巧妙的安排，诱导他表现出特定的行为。**

如此，陷害工作完成。

关于这个套路，还衍生出了一个掩鼻计，换汤不换药。这次故事发生在战国时期，真事。

楚怀王收到魏王赠送的一位美人，对她宠爱有加。妃子郑袖十分嫉妒，于是她开始亲近这位美人。无论是好看的衣服、珍贵的首饰，还是古玩珍宝，只要这位美人喜欢，郑袖都会慷慨相赠，全力满足她的喜好。于是很快，郑袖就和这位美人成了好姐妹，无话不谈。

楚怀王知道后十分高兴，对郑袖识大体的行为大加赞赏。但郑袖其实在等待一个机会。

某天，她看似无意地对美人说："王上对你痴迷不已，但他私下曾告诉我，觉得你的鼻子长得不好看。以后你见到王上时，不妨用手轻轻遮住鼻子，这样王上对你的宠爱定能长久。"

**美人信以为真，认为郑袖是真心在关心她，于是每次见到楚怀王时都遮住鼻子。**

楚怀王十分困惑。有一次，他终于忍不住问郑袖："这位美人为什么每次见到我都要遮住鼻子呢？"郑袖先是犹豫了一下，然后装作不情愿地说："我也不清楚。"楚怀王坚持要她回答，郑袖这才装作为难地说："她私下里常抱怨说，讨厌王上你身上的臭味，所以总是用手遮住鼻子。"

楚怀王大怒，下令割了美人的鼻子。就这样，郑袖巧妙地借用楚王之手，除掉了她的情敌。

毒，实在是毒。

在你的职业生涯中，是否中过此招呢？如果有，我要说一声惋惜。如果没有，读完这段历史，相信你也知道了这个计谋。下次若有小人这样对付你，便有了警惕之心。这就是读历史的好处。

## 为何吴起被杀后，楚国就注定要亡了？

### 周安王十五年（甲午，公元前387年）

楚悼王素闻其贤，至则任之为相。

起明法审令，捐不急之官，废公族疏远者，以抚养战斗之士，要在强兵，破游说之言从横者。

于是南平百越，北却三晋，西伐秦，诸侯皆患楚之强，而楚之贵戚大臣多怨吴起者。

**（一）史料故事**

吴起在魏国被算计后，去了楚国。楚悼王非常欣赏他，任命他为北部重镇宛城的守将，负责抵御韩、魏两国的侵扰。经过一年的精心治理，吴起成功地稳定了宛郡的局势。因此，悼王提升吴起为令尹。

这里，先介绍下这位楚悼王。楚悼王刚即位时，楚国算是内忧外患。外部有三晋联盟虎视眈眈，像座大山压在楚王心头；内部改革步伐缓慢，民生凋敝，贵族们养尊处优，整天只知道享乐，不思进取。

楚悼王想做事，所以他很忧愁。幸运的是，老天爷都看在眼里。就在楚悼王一筹莫展、无计可施的时候，公元前387年，吴起来了。

吴起名声在外，文武双全，不仅在军事上有着独到的见解，对治国理政也颇有心得。楚悼王一听他来了，顿时喜出望外，以最高规格的礼节接待。

吴起同样不负众望，升授令尹后，他紧锣密鼓地开始了改革。他是怎么做的？

第一步，吴起觉得楚国的法律实在是太不完善了，于是他制定了一系列明文法典，让楚国百姓有法可依。

这样一来，那些贵族们就不能再随心所欲地欺压百姓了，社会秩序得到了有效的维护。

第二步，对楚国的贵族制度，进行了大刀阔斧地改革。取消那些旁系偏远贵族的俸禄，把他们统统送到边疆去开垦荒地。

如此，楚国不仅节省了一大笔养贵族的开销，还能让这些贵族在边疆发挥余热、为国家做贡献。

第三步，整顿吏治，裁撤多余的官员，让官场变得更加清廉高效。

第四步，对楚国的造城规格进行了改革。经过他的精心规划和改造后，楚国的城池变得更加坚固、易守难攻。

经过这一番改革，效果如何呢？

简单描述一下，就是给楚国这台老旧的机器，换上了全新的零件和润滑油，重新焕发出了蓬勃的生机和活力。

此外，他还重点训练了军队。吴起在魏国的时候，训练出了一支叫魏武卒的超级军队，战绩赫赫。来到楚国后，吴起也没闲着，直接就把这套训练方法搬了过来，还根据楚军的特点进行了改良。

效果立竿见影，楚国的军队战斗力噌噌地往上涨，很快就有了和魏武卒叫板的实力。有了这么给力的军队，楚国自然是底气十足，对外战争也是屡战屡胜。

国内改革同样搞得风生水起，财政状况、用人制度都得到了极大的改善。短短几年时间，楚国就从一个萎靡不振的老头儿，摇身一变成了精神抖擞的小伙子，变化巨大。

**（二）解析**

吴起在楚国的改革虽然短期增强了国力，但因触动旧贵族的利益而遭到反对。楚悼王去世后，吴起失去了支持，改革也随之人亡政息。

你想，那些旧贵族原本过着养尊处优的日子，国家出钱养着他们，让他们整日吃喝玩乐。可吴起一来，直接把他们赶到了边疆去开荒种地。这一下子就捅了马蜂窝，那些旧贵族对吴起简直是恨之入骨。

另外，吴起的改革有着致命的缺陷，那就是没有解决土地所有权的问题。在那个时代，土地可是个敏感话题，谁掌握了土地，谁就掌握了话语权。

吴起虽然发动了一系列改革，但就是没碰土地问题，这也为后来的失败埋下了伏笔。

不过话说回来，吴起当时可能有自己的考虑。他或许是想先让楚国强大起来，有了足够的实力后，再去和那些旧贵族掰手腕，彻底解决土地问题。

可惜，他没能等到那一天。

公元前381年，就在吴起来到楚国的第六个年头，一直支持他的楚悼王突然去世。据说是楚军在前线打得非常顺利，楚悼王一激动，就这么离世了。

楚悼王这一走，吴起就陷入了艰难的处境。那些旧贵族一看最大的靠山没了，立马就跳了出来，开始搞小动作。

这个过程，相当凄惨。老楚王去世后，吴起作为臣子，自然要去吊唁。就在葬礼上，楚国贵族安排了大量士兵，对吴起群起而攻之。

当时，整个王宫埋伏了很多士兵，吴起无处逃，也不想逃。当时他已经五十九岁了，老了，逃不动了。

当然，我相信还有一层意思："士为知己者死"。老楚王如此信任他，吴起不忍抛弃。王宫凶险他会不知道？此行去吊唁，吴起就是去赴死的。

不过吴起也很聪明，直接到了灵柩旁。贵族们胆大包天，直接向老楚王的尸身射箭。将人逼死后，他们还不满足，竟然将吴起的尸身车裂，以此来宣泄怒火。

这就是战神吴起的结局，很凄惨。史料记载：

> 楚悼王薨，贵戚大臣作乱，攻吴起，起走之王尸而伏之。击起之徒因射刺起，并中王尸。既葬，肃王即位，使令尹尽诛为乱者，坐起夷宗者七十馀家。

吴起死后，楚国贵族们想趁机把改革成果一并抹杀掉。可惜人算不如天算，他们的如意算盘，最终还是没能打响。

父亲的尸体被亵渎，新楚王即位后，自然开始清算。七十多家贵族，为吴起陪了葬。

吴起虽然死了，但他的改革却给楚国带来了深远的影响。在他的改革推动下，楚国迅速崛起，成为战国七雄之一。

后来的楚国虽然也进行了一些改革和发展，但基本上都是在吴起改革的基础上进行的。可以说，没有吴起，就没有楚国的辉煌。

但话说回来，吴起的改革也有其局限性。**他没能彻底解决土地问题，导致改革成**

**果无法持续。**而且他的改革得罪了太多的旧贵族，为自己埋下了杀身之祸。如果他能活得再长一些，或许就能把改革进行得更彻底一些，让楚国的辉煌持续得更久一些。

可惜历史没有如果，我们只能从吴起的改革中汲取经验、吸取教训，为今天的改革发展提供借鉴和启示了。

# 领导重用你的理由，只有这点最靠谱

**周安王二十五年（甲辰，公元前377年）**

子思言苟变于卫侯曰：“其材可将五百乘。”

公曰：“吾知其可将，然变也尝为吏，赋于民而食人二鸡子，故弗用也。”

子思曰：“夫圣人之官人，犹匠之用木也，取其所长，弃其所短。故杞梓连抱而有数尺之朽，良工不弃。今君处战国之世，选爪牙之士，而以二卵弃干城之将，此不可使闻于邻国也。”

公再拜曰：“谨受教矣！”

**（一）史料故事**

不管在什么时候，选人用人，都是个重大问题。对上级来说，选好了人，组织蒸蒸日上，前景光明。对下级来说，了解用人标准，会更容易脱颖而出，从而升职加薪。

那么，最好的用人方式是什么呢？这段史料，给了一个好建议。

孔伋（孔子的孙子）到了卫国，向国君推荐苟变，“苟变的才能，可统领五百乘[①]”。

卫侯说：“苟变我了解，确实有能力。但他当年当小官时，因嘴馋偷吃了百姓两个鸡蛋，这种小节都守不住，我怎么能用他呢？”

孔伋听后，笑道：“卫侯，您选材的标准应该向木匠们学学。木匠在选木材时，总是专挑那些又长又大的好木头，哪怕上面有点瑕疵、裂痕，他们也不会太在意，因

① 五百乘：古代兵车一乘，甲士三人，步卒七十二人，五百乘，大约是三万七千五百人的部队。

为大部分木头还是好的，就能做出好器具。现在诸国征战，能征善战的将领非常稀缺，您怎么能因为两个小小的鸡蛋，就错过一个能帮你守住一座城池的猛将呢？这种事要是传出去，邻国的国君，岂不是要笑掉大牙？”

卫侯顿悟，对孔伋一再拜谢，表示接受指教。

**（二）解析**

简单介绍一下孔伋。他是孔子的孙子，《史记》记载：

“孔子生鲤，字伯鱼。伯鱼年五十，先孔子死。伯鱼生伋，字子思，年六十二。”

我们熟悉的《中庸》，就是孔伋的作品。他还有一位出名的弟子，名叫孟子。现在你明白了，这是位非常厉害的人物。

**1.管理者该如何用人？**

一个组织的未来，其实就掌握在最高领导者的手中。

这位领导者的能力和选择，将直接影响整个团队的最终走向。说到领导能力，大家可能会想到很多方面，比如战略规划、团队管理、决策能力等。在这些能力中，最重要的一项，就是知人善任。

没有人可以无所不能，人才也是一样，有他的长处和短处。这就好比一块玉石，虽然美丽，但也可能存在瑕疵。那么作为管理者，如何才能雕琢出这块玉石的独特之美呢？

这就需要管理者有足够的胆识、度量，以及高瞻远瞩的格局。不仅要看重人才的品德和能力，而且要学会在不完美的人才中发现闪光点。

在选拔人才时，德才兼备当然最好，但也不要苛求完美。毕竟人无完人，重要的是看一个人的气节、大局观。

但仅仅选拔出人才还不够，更重要的是如何合理地配置这些人才，让他们能够在最适合的位置上发挥出最大的价值。

在一个大型交响乐团中，哪个角色最重要呢？最前面的指挥者。

这段史料里，不止有选人用人，还有深层的内容。我们可以琢磨下卫侯的那番话：

“吾知其可将。然变也尝为吏，赋于民而食人二鸡子，故弗用也。”

这句话乍听起来，好像是卫侯因为那个将领曾经贪了两个鸡蛋而不用他。但这里面，其实隐藏着不少疑问。是谁告诉卫侯这个将领贪了两个鸡蛋的事情呢？

是卫侯亲眼所见，还是听别人说起的？如果是卫侯亲眼所见，难道就因为贪了两个鸡蛋，就足以断定这个人不堪大用？这似乎有些牵强。

我们都知道，人会有一种先入为主的惯性思维。当我们对某个事物一无所知时，我们的判断往往会受到第一次接收到的信息影响，就像那难以磨灭的第一印象，或者别人口中的描述。

卫侯是否也受到这种思维的影响呢？再说，“眼见为实”真的是绝对的吗？我们常常说，听到的可能是假的，但看到的总该是真的吧？

可事实上，眼睛看到的也未必就是真相。比如你和某人谈生意，看到他衣着光鲜，举止儒雅，心里可能就认定他是个有实力的合作伙伴。但你怎么知道这些不是刻意为之，或者只是表面功夫呢？

说到底，卫侯或许原本就不想用那个将领，只是随便找了“贪了两个鸡蛋”的借口而已。

其实人都是一样的。为了拒绝某个不合适的请求，我们也会随便找个理由搪塞。

**2.当领导的前提**

无论是在官场、职场还是商场，如何识人、看人、用人，都是一项至关重要的技能。

有些领导喜欢通过观察员工的细节表现，比如吃饭的样子或者酒后的反应，来评判他们是否适合某个岗位。

这些方法或许能提供一些线索，但若仅凭此来决定一个人的去留和职位，显然是过于草率了。那么，贪财与否和一个人的才能之间有必然的联系吗？一个人是否贪财，真的就能决定他是否值得被重用吗？

孔伋并没有直接否定卫侯的看人、用人之道，但他提出了一个更全面的视角。他提出了两点：

**第一，用人就如同用木头一样，我们应该看重的是其长处，而非短处。**

**第二，一个人的道德水准当然是重要的，但在决定是否重用一个人时，我们更应该关注的是他的优点和专长。**

这个观点，对我们很有借鉴意义。或许你现在只是个普通职工，感觉用不到这些管理知识，但说实在的，不要随便限定自己的天花板，谁说你以后不能当领导呢？

当领导的前提是，你要有当领导的能力。

有一点需要提醒大家，千万别生搬硬套。简单一句话，要看具体的环境。

司马光给神宗皇帝提建议的时候，那时候的宋朝很强，北边挡住了契丹，南边让四周的民族都服气，海上贸易也做得风生水起，经济总量在全球都是数一数二的。在这么一个太平盛世，道德品行就显得特别重要了。

选官员的时候，首先就得看他们的道德怎么样。上面的人道德不正，下面的人也会跟着学坏，风气就会越来越差。

但是，子思生活的战国时代，是乱世出英雄的年代。在那个时代，能活下来才是最重要的，所以才能就比道德更重要。

如果你只有道德，却没有能力救民众于水火之中，那不就成了一具空有道德的行尸走肉了吗？所以，那个时代的诸侯们都知道，要学会容忍一些小的瑕疵，不能总是追求完美。其实，这也是中庸之道的一种体现，就是要根据实际情况来灵活变通。

用我们现在的话来说，就是要具体问题具体分析。

举个例子，刘邦在打天下的时候，对项羽阵营来投靠的人，都客客气气，想尽办法安抚他们。但是，等他统一了天下之后，对那些曾经背叛过他的人，他下了狠手。就连那个在楚汉相争中救过他的丁公，刘邦也找了个借口给杀了。这是为什么呢？因为环境变了，情况变了，刘邦的利益需求也跟着变了。他以前需要分化项羽的力量，现在却需要强调对他的忠诚，让大家都知道，背叛自己的后果是很严重的。

所以，作为用人者，你需要什么样的人，就该对这类人重点提倡。一旦需求发生了变化，就应该立刻换掉这些人，换上那些符合新需求的人。

这才是真正的用人之道，也是中庸之道的精髓所在。

最后，说一下事件的后续。

子思推荐的这位苟变，后来成了卫国的著名将领，也是卫国唯一的名将。

说到卫国，也很可惜。一个小小的弹丸之地，却出了不少人才。比如说，李悝、吴起、商鞅、吕不韦，都是大名鼎鼎的人物。估计不少人好奇，这么一个小诸侯国，为何能出这么多人才？

原因可能是这样的：卫国的版图，大致位于现今河南北部、山东西部以及河北南部这一片区域。换言之，其范围覆盖了现今的安阳、邺城以及菏泽等地。

在那个时候，卫国所在的地域，可被视为整个天下最为肥沃富饶的地方。由于其得天独厚的地理位置和自然环境，卫国历来就钟灵毓秀、人口众多。

人口多，按比例来说，人才出现的数量就多。所以，各个诸侯都抢占肥沃的土地，这不是没有道理的。

# 团队开始走下坡路的征兆

**周安王二十五年（甲辰，公元前377年）**

卫侯言计非是，而群臣和者如出一口。

子思曰："以吾观卫，所谓'君不君，臣不臣'者也。"

公丘懿子曰："何乃若是？"

子思曰："人主自臧，则众谋不进。事是而臧之，犹却众谋，况和非以长恶乎！夫不察事之是非而悦人赞己，暗莫甚焉；不度理之所在而阿谀求容，谄莫甚焉。君暗臣谄，以居百姓之上，民不与也。若此不已，国无类矣！"

**（一）史料故事**

任何一个团队，但凡开始走下坡路，一定会有征兆。比如，下面提到的这种。

子思在卫国做客，发现了一个现象。

这天，卫侯心血来潮，想出了个离谱的政策。结果他的那帮大臣们，跟提前商量好了似的，一个个点头如捣蒜，全都叫好。子思看了叹息一声，"卫国上下，君不君、臣不臣"。

有个叫公丘懿子的臣子听到了，就问他什么意思。子思说："君王太自以为是，别人的好意见都听不进去。就算他做的是对的，这种自以为是的态度，也会把人拒之门外，更别提他如果错了，那就是错上加错！作为君王，不分辨事情的对错，只喜欢听别人拍马屁，那真是愚蠢至极。而那些大臣们，不坚持真理，只知道阿谀奉承，也是无用至极。这种环境，百姓怎么可能支持呢？如果继续这样下去，国家可就完了！"

后来，子思直接跟卫侯说："你的国家被治理得一团糟。"卫侯很纳闷："我卫国风调雨顺的，能有什么问题呢？"

子思解释道："原因很简单。你总是一意孤行，觉得自己的想法绝对正确，大臣们都不敢指出你的错误；同样，大臣们也觉得自己很了不起，小官和老百姓也不敢说他们不对。从上到下，都觉得自己很好，只接受赞美，听不得批评。这样下去，大家都觉得自己是对的，谁敢提出不同意见谁就倒霉。你觉得这样，能有好的发展吗？《诗经》里说得好：'都说自己最圣明，谁知鸟雌雄？'这不就是说你们这帮君臣吗？"

**（二）解析**

这段材料，很有现实意义。

在工作上，我们常常会遇到这样一种现象：下级对上级总是点头称是，很少提出自己的见解或建议。

这种情况看似和谐，实则隐藏着巨大的风险。当每一个人都只懂得附和，即便上级的决策再正确，也失去了集思广益、共同完善的机会。

更为严重的是，如果上级的决策存在偏差，下级的沉默和附和，无疑会加剧问题的严重性。这种情况下，整个团队就是一艘偏离了航道的船，如果不及时调整，很可能会触礁沉船。

历史上，不乏因为盲目附和而导致国家衰败的例子。那么，如何打破这种"沉默"呢？

关键就在于领导者的态度和智慧。一个优秀的领导者，要敢于听到不同的声音。一个花园，只有允许各种花卉自由生长，才能呈现出五彩斑斓的美景。同样，一个团队中，只有鼓励成员各抒己见，才能激发出更多的创新火花。

因此，作为上级，拥有容人的雅量和择善而从的智慧，是相当重要的。这不仅关系到个人的成长和团队的发展，更在一定程度上决定着整个团队的未来走向。只有当每一个成员都敢于发声、愿意发声，这个团队才能健康发展。

无独有偶，这个道理孔子也曾论述过。在《论语》中，记载了孔子与鲁定公的一段对话。

鲁定公问："一句话就能让一个国家昌盛起来，真的有吗？"

孔子回答道："话不能说得这么绝对。不过，常言道：'为君难，为臣亦不易。'如果国君能明白其中的难处，那岂不近乎一句话就能振兴一个国家了吗？"

鲁定公又问："那一句话也能亡国，真的吗？"孔子琢磨了一下，回应道："话还是不能说得太绝对。有的人就说：'当君主没什么乐趣，就是说的话没人敢反对。'要是他说得对，那大家听从是理所当然；可要是他说得不对，还没人敢反对，那不就近乎一句话能亡国了吗？"

道理很简单，领导一定要听不同意见。

## 兵不血刃的制胜法则

**周烈王七年（壬子，公元前369年）**

魏武侯薨，不立太子，子罃与公中缓争立，国内乱。

魏大夫王错出奔韩。公孙颀谓韩懿侯曰："魏乱，可取也。"

懿侯乃与赵成侯合兵伐魏，战于浊泽，大破之，遂围魏。

**（一）史料故事**

公元前371年，魏武侯去世。他这一去世，魏国立马就乱了。原因很简单，魏武侯没立太子。

这一下子，子罃和公中缓这两位仁兄可就忙得不亦乐乎，你争我夺，搞得魏国上下一片乌烟瘴气，乱成一锅粥。魏国的大夫王错，一看这形势不对，立马逃到了韩国。

韩国当时有位谋臣，名叫公孙颀。他一看这机会来了，就对韩懿侯说："主公，你看魏国现在乱成这样，我们可以和赵国联合，获取巨大的利益！"

韩懿侯一听，两眼放光，立马派人和赵国联系。赵成侯也有此意，两人一拍即合，就此，两国联军浩浩荡荡地杀向魏国。韩赵联军与魏国在浊泽（今山西运城）交战。

这场浊泽之战，打得是昏天黑地，日月无光。最后，韩赵联军大获全胜，把魏国围了个水泄不通。

眼看胜利在望，但这时候却起了内讧。至于后续如何处理，韩、赵两家意见不一致。赵成侯的意见是：

把子罃干掉，扶公中缓上位，然后狠狠敲魏国一笔，割几块地再走。这样，两国都能发笔横财！

可韩懿侯听了，却连连摇头，表示：干掉魏国的国君，显得自己太残暴了。割了地就走，那又显得太贪心。不如把魏国一分为二，让他们自相残杀。这样，魏国实力大减，以后韩赵两国就高枕无忧了。

割地撤军只看到了眼前利益，但凡有点远见，都明白最好的办法是将魏国一分为二。可惜，赵成侯不听韩懿侯的。

韩懿侯也是个有脾气的主，一气之下，竟然连夜撤军了。赵成侯一看，只得无奈退兵。

两人的内讧成全了魏罃。他击败公中缓，自立为王，是为魏惠王。

**（二）解析**

说实话，“分割两魏”这招，对魏国来说绝对是噩梦。

魏国若真被分成南北两块，实力将大打折扣，搞不好连宋国、卫国都能欺负它。此外，分割后的魏国肯定内斗不断，再也没有机会参与战国争霸了，迟早得被其他国家吞并。

从这事也能看出，韩懿侯的格局确实小了点。赵国不同意“分割两魏”，那还可以商量，总能找到一个双方都能接受的方案。可他呢？直接撂挑子走人，这不仅没解决问题，反而让魏罃捡了个大漏，完整地把魏国保留了下来。

两个方案，对两国都有利，最优的分裂方案选不了，那就退而求其次。总比空手而归好吧？

说实话，作为领导，实在不该如此意气用事。气倒是出了，但白忙了一场，还把两国都得罪了，得不偿失！

后来，魏国在公叔痤、庞涓等人的经营下，一度称霸天下，把秦国打得落花流水、丢地失城。而北赵南韩，在魏国的兵威下也是瑟瑟发抖、小心翼翼地过日子。

这一切，都是当初韩懿侯意气用事造成的后果。所以说，时势造英雄。

司马光说得不错，“魏惠王之所以身不死，国不分者，二国之谋不和也。若从一家之谋，魏必分矣”。

# 第三章

## 秦国崛起，贫穷是改变自己的最好动机

## 搞清楚领导的需求，你就成了领导的“刚需”

周显王十年（壬戌，公元前359年）

卫鞅欲变法，秦人不悦。

卫鞅言于秦孝公曰：“夫民不可与虑始，而可与乐成。论至德者不和于俗，成大功者不谋于众。是以圣人苟可以强国，不法其故。”

甘龙曰：“不然。缘法而治者，吏习而民安之。”

卫鞅曰：“常人安于故俗，学者溺于所闻，以此两者，居官守法可也，非所与论于法之外也。智者作法，愚者制焉；贤者更礼，不肖者拘焉。”

公曰：“善。”以卫鞅为左庶长，卒定变法之令。

**（一）史料故事**

很多人讲商鞅变法，只说变法有多么厉害。但其实，有一个问题被大家都忽略了。

商鞅去秦国时，只是一个老百姓，仅仅跟秦孝公见了几次面，就得到了大力支持。他是怎么做到的呢？

这个问题很有现实意义。换成现代的场景，就是一个从其他公司跳槽来的人，跟大领导在会议室见面，聊了一会儿天，就得到了重用。这背后的智慧，难道不值得我们学习吗？

下面，我们详细讲讲前因后果。

看到秦孝公的招贤令后，商鞅从魏国动身了。

当然，作为一介平民，直接见到国君也不太现实。但是商鞅有办法，他给孝公身边的宠臣景监送礼，有了景监做介绍人，他终于和孝公见了面。

见面之后，商鞅试探了一下孝公的想法。他先是说了帝道、王道，见孝公不感兴趣，听得直打瞌睡，便立即转换话题，开始聊霸道，谈富国强兵的办法。

结果，孝公瞬间醒了。变法之霸道，见效快，正是他目前迫切需求的内容。商鞅见状，便开始重点论述变法。

“夫民不可与虑始，而可与乐成。论至德者不和于俗，成大功者不谋于众。是以圣人苟可以强国，不法其故。”

商鞅的这句话，是千古名句。意思是，一般人见识短，习惯满足于现状，对变革总是心存畏惧。如果你跟他们商量改革，他们会提出无数的疑虑和问题，怎么说都不会得到支持。可是，一旦你推动他们迈出那一步，当他们真正体验到变革带来的好处时，就会开始拥护变法。

孔子也曾有过相似的观点，“民可使由之，不可使知之”。如果你直接安排他们行动，每个人都会积极响应。但如果你打算让他们完全理解，反而会引发混乱，各种意见和想法就会层出不穷。

秦孝公深感赞同。

两人聊天的时候，保守派代表甘龙也在旁边。听说要改革，他直接站出来怼商鞅：“想法太天真！遵循祖宗的法子来治理国家，官员们得心应手，老百姓才会安心。”

商鞅听后，马上反驳：“普通人喜欢老一套，读书人又容易沉迷在书本里。这两类人，你让他们守规矩可以，但跟他们谈创新很难。聪明的人制定新规则，守旧的人只能跟着走。”

秦孝公说：“有道理！”于是，便让商鞅担任左庶长，负责变法。

**（二）解析**

这段材料，非常值得我们学习。

如何快速获得领导的赏识呢？商鞅给我们上了一课，分为四点。

**1.明白领导的需求**

很多人都有这样的误区，要想得到领导的关注，就得时刻在领导面前表现。其实，很多人忽略了一个重要的步骤，那就是去研究领导。这不是说要去窥探领导的隐私，而是去了解领导的需求。

现实情况是，大多数人在工作中都想得到领导提拔，但很少有人愿意花心思去真正了解领导的想法。道理很简单，因为这需要思考，需要费脑筋。

人们往往害怕思考，因为那太累了。但是，如果你不愿意去思考，那么你可能会发现，你所做的努力大部分都是徒劳的。这种情况下，即便让你天天跟领导在一起，你俩的关系也不会特别好。因为你不懂他。

一般来说，员工想要的无非是提拔，达到更高的职位。如何才能达到这个目标呢？

通常，他们需要完成一些重要的项目，达到一些关键的指标。如果你想要了解你的领导在想什么，你就需要去研究你们单位的工作情况。比如上面的商鞅，他去秦国之前，就知道秦孝公的需求：秦国太弱了，要改革，富国强兵。所以，他就从这里着手。

说一个底层的逻辑，领导也是人，只要是人，就愿意听自己关心的事。而对于不感冒的事，对方说再多，也没有兴趣。

**2.经中间人接触领导**

一般来说，大领导是很难见到的。这时候，就需要有人引荐。商鞅找的人，是秦孝公的宠臣景监。这个人，当时深得孝公信任，他的建议，孝公还是比较重视。

方法是通用的。领导身边受信任的人，就是最好的人选。

**3.给出解决办法**

见面只是个契机，关键是你能创造价值。前期的研究，只是铺垫。到了这一步，你就可以侃侃而谈了。直接聊对方愿意听的，他会非常投入。

如果你的建议非常好，真的能帮他解决问题，对领导来说，如同瞌睡了送枕头——正是时候。你的名字，会深深地印在他的脑海里。原因无他，他太需要你这样的人才了。

如果你的建议还有瑕疵，也没关系，最起码态度是没问题的。愿意为领导解忧，并且真的花时间去想了，这在领导看来，也是可以培养的。在你身上，他看到了一样东西——忠诚。

**4.驳倒反对意见**

最后一点，第四点。这是个可选项。

你提方法时，周边可能会有人反驳。这太正常了，原因一般有两种。

第一种，这个方法触及了他的利益，为了自己，他要反驳，就像上面的甘龙，变法拿他们这些老贵族开刀，他们自然要反对。

第二种，就是单纯地从做事角度考虑，对你提出方法的漏洞进行反驳。这类人，一般没有成见，只关注事情本身。

不管是哪种原因，处理办法都是一样的，将其驳倒即可。当然了，很多人说这太难了。现场有人给你难堪，如何解决？

最好的办法，是提前把这些问题考虑到，并想好驳倒意见。随后，当对方提出反对意见时，你顺势说出深思熟虑的看法就可以了。

这样做还有一个优势。对方是临时起意说的，而你是深思熟虑反驳的。这一对比，更能体现出你的办事水平。

以上，就是商鞅带给我们的四点启示。这是一个系统工程，很难，但就成果来说，值得花时间去研究！天上不会掉馅饼，不想付出劳动又想要收获，这基本不可能。

## 商鞅“驭民之术”，秦国强大的黑暗面

**周显王十年（壬戌，公元前359年）**

以卫鞅为左庶长，卒定变法之令。

令民为什伍而相收司、连坐，告奸者与斩敌首同赏，不告奸者与降敌同罚。有军功者，各以率受上爵。为私斗者，各以轻重被刑大小。僇力本业，耕织致粟帛多者，复其身。事末利及怠而贫者，举以为收孥。宗室非有军功论，不得为属籍。明尊卑爵秩等级，各以差次名田宅、臣妾、衣服。有功者显荣，无功者虽富无所芬华。

### （一）史料故事

经过深入的交谈，秦孝公决定采纳商鞅的建议，实施一系列的改革措施。

于是在公元前356年，也就是秦孝公在位的第六年，变法正式启动。变法都有哪些内容呢？

**第一，商鞅颁布了新的法律制度，并引入了连坐制度。**

什么是“连坐法”？举个例子，如果一个“伍”里有一家违反了法律，而其他四家没有及时发现并举报，那么整个“伍”的成员，都要受到相应的处罚。

这种连带责任制度，在当时是非常前卫的，极大地提高了百姓对法律的敬畏和遵守意识。

商鞅变法前，秦国就已经开始了“什伍制”。这种制度，将十家编为一什，五家编为一伍，并分别设立什长和伍长进行管理。商鞅只是在此基础上引入了连坐制度，进一步加强了对百姓的管理。

**第二，在军事方面，商鞅推出了军功爵制，以此来激励士兵在战场上奋勇杀敌。**

只要秦国士兵能够斩获敌军甲士的首级，就可以获得一级爵位的赏赐。

这个爵位共分为二十个等级，每个等级都代表着不同的荣誉和特权。而且，这些爵位不仅是荣誉，它们还有着实实在在的“用处”。如果你的爵位够高，就算犯了法，也可以用爵位相抵。比如说，你有一级爵位，不慎触犯了法律，那你的爵位就会被降到二级，算是对你的一种惩戒。但如果是二级或以下爵位的人犯了法，那可就惨了，爵位会被直接取消。这样一来，爵位不仅代表着荣誉，更是一种“护身符”。

更打破规则的是，这个制度，对所有人一视同仁。变法以后，即使你出身贵族，如果没有立下战功，也拿不到爵位。

这个制度，是秦军战斗力突飞猛进的基础。从此之后，敌军的人头那就不是人头，而是亮闪闪的金子。谁能不疯狂呢?

当然，重要的是，这个制度打开了底层百姓向上晋升的通道。这对于社会稳定，有着相当重要的作用。许多出身低微的士兵，看到了通过军功改变命运的可能。

与之相应的，这个制度也极大地削弱了旧贵族的世袭特权。

**第三，推动农业生产。**

当时的秦国，地广人稀，商鞅便鼓励人们开垦荒地，扩大耕地面积。

为了让百姓更加专注于农业生产，他甚至规定，有两个以上成年男子的家庭必须分家，否则将面临更重的赋税和劳役。

另外，为了增加人口，商鞅还把目光投向了三晋，招他们的人来秦国垦荒。当然也不是白来，只要愿意来，秦国就给地给房，而且还不用承担徭役、十年内免除赋税。

确实很让人心动。有了人口，就不缺粮食，顺带着兵源也就有了。真是一举两得。

可以看到，商鞅变法的这些内容，彻底将秦国变成了一个“战争机器”。

虽然遭到旧贵族的强烈抵制，但秦孝公在变法实施后见到了日益强大的秦国，还有对外战争的胜利。谁是谁非，他很清楚。

在变法之初，商鞅取信于民的一些举措，也值得管理者们学习。

当时，他还不叫商鞅，叫卫鞅。卫鞅怕老百姓不信他的新法，就在国都市场的南门竖了根三丈高的木头，还贴出告示说，谁能把这木头搬到北门去，就赏他十金。

老百姓都觉得事有蹊跷，没人敢尝试。卫鞅一看，加码到了五十金。

结果，真有个人照告示所说把木头搬到北门去了，卫鞅也爽快，直接给了他五十金。这事一传扬开来，新法就相对好推行了。

但一年后，还是有很多国都的老百姓，抱怨新法不好。这时候，太子也触犯了新法。

卫鞅说："法律不能执行，都是因为上面的人不遵守。"太子是王位继承人，不能动刑，卫鞅就对太子的老师公子虔用了刑，在其脸上刺了字。

百姓们一看，连太子触犯新法都要被处罚，更别说普通老百姓了。于是，新法彻底得到认可。

《资治通鉴》记载：新法实施了十年之后，秦国路上丢了东西都没人捡，山里也没有强盗了，老百姓都勇于为国家去打仗，不敢私下斗殴，地方也被治理得井井有条。

当初那些抱怨新法不好的百姓，现在也都改口说新法好。然而，卫鞅却表示："这些都是扰乱法律的人！"

于是，这些议论者就被罚到边疆去了。从此以后，百姓再也不敢议论新法了。

## 古代的媒体公关是怎么做的？

**周显王十六年（戊辰，公元前353年）**

初，孙膑与庞涓俱学兵法。

庞涓仕魏为将军，自以能不及孙膑，乃召之。

至，则以法断其两足而黥之，欲使终身废弃。

齐使者至魏，孙膑以刑徒阴见，说齐使者，齐使者窃载与之齐。

**（一）史料故事**

这一篇，讲“围魏救赵”。

作为中国历史上的三大阳谋之一，这件事确实值得一讲。

当初，孙膑与庞涓一起师从鬼谷子学习兵法，亲如兄弟。后来，庞涓先行离开师门，成为魏国的将军。他知道自己能力不及孙膑，于是设计陷害孙膑，给他扣上莫须有的罪名，砍断其双足，致使孙膑终身残疾，无法在朝中任职。

齐国使者访问魏国，孙膑趁机秘密接触使者，并成功说服使者将他藏在车中，偷跑到了齐国。

在齐国，孙膑受到大将田忌的热情款待，并被引荐给了齐威王。齐威王与孙膑探讨兵法，对其极为赏识，当即任命孙膑为军师。不久，齐威王有意出兵救援赵国，欲让孙膑担任主将。

孙膑推辞了，并表示自己是残疾之身，不能为将。于是，齐威王任命田忌为大将，孙膑作为军师随军出征。

孙膑认为，要化解冲突，不能简单粗暴地挥拳进攻，而应该找到敌人的弱点，给予致命一击。

他分析道："魏国现在全力攻打赵国，其精锐部队必定都在前线，国内留守的兵力必然薄弱。我们可以趁机直取魏国都城大梁，切断其主要的交通线。这样，魏军必然会回援，我们既可以解赵国之围，又能重创魏国。"

田忌采纳了孙膑的建议。同年十月，邯郸投降了魏国。魏军得胜回国，在桂陵被齐军设伏击败。

**（二）解析**

这一篇，我们先不说孙膑和庞涓的私人恩怨，只讲"围魏救赵"这个经典战术。

心理学上有个术语，叫"近因效应"。意思是，当人们接收到一系列信息时，最后出现的信息，往往会给人留下最深刻的印象。比如说，你正在追踪一连串的热点新闻，但不知为何，印象最深刻的总是最后一条。之前的种种，似乎都被它盖过了风头。这其实并不奇怪，因为我们的心理总是倾向于关注最新、最近的信息，这就是所谓的"近因效应"。

说完了这个心理学知识，我们进入正题——围魏救赵。

你可能觉得，古代兵法和现代社会能有什么关系。其实，关系很大。

在上文中我们提到，赵国被魏国围攻，危在旦夕。赵国的盟友齐国，决定出手相助，但怎么救呢？直接冲上去和魏国硬碰硬？那可不是明智之举。

于是，齐国的军师孙膑想出了一个妙招——围魏救赵。他们派出一支小部队，假装攻打魏国的都城大梁，魏国听闻都城受威胁，急忙撤回了围攻赵国的军队。这样一来，赵国得以解围，而齐国也没有付出太大的代价。

这不正是"近因效应"的一种战略应用吗？利用对方的关注点转移，达到解围的目的。

现在，我们把这个策略放到现代社会来看。想象一下，某个大公司因为某个问题被舆论围攻，形象大跌，怎么办？这时候，"围魏救赵"就派上用场了。

不是直接去回应那些负面的舆论，而是创造一个新的焦点，转移大家的注意力。比如说，发布一个重大的新产品，或者宣布一项重要的社会责任计划。这样一来，公众的注意力就会被新的焦点吸引，而原来的问题，就会被相对淡化。

所以你看，即便是两千多年过去了，老祖宗的计谋还能用。不仅能用，还非常好用。不知不觉地，大家就上当了。

当然了，这个策略并不是万能的，也不是说用了就一定能成功。成功的关键，在于“围魏”是否能真正吸引公众的注意力，以及“救赵”是否能真正解决问题。否则，一切都可能只是徒劳。

现实中，也看到了一些反例。在遇到问题的时候，总是急于解释。结果呢？往往是越描越黑。其实，有时候保持沉默，或者巧妙地转移注意力，可能效果会更好。

**那么，“围魏救赵”具体应该怎么操作呢？**

分为三步：

第一，全面了解双方的情况，明确自己的优势和劣势，以及对方的弱点和可利用的资源。

第二，避免正面冲突，通过转移注意力和分散对方的力量来化解危机。

第三，找准对方的弱点，出其不意地猛攻。

总的来说，“围魏救赵”的精髓，就是以最小的代价达到最大的效果。这种策略，不仅在古代战争中发挥了重要作用，即便是在现代，也非常好用。

所以，当你遇到问题的时候，不妨试试“围魏救赵”。说不定，会有意想不到的效果。

很多人觉得，历史都是过去式，没什么用。说实话，那是只看了故事，相当于只看了皮毛，没看内核。

正确读历史的方法，是精读，带着问题深入思考、分析，如果自己遇到类似的场景，该怎么办？这个人物的方法能否借鉴？把自己代入进去，你就看到了自己的思维短板，同时也发现了古人的处世智慧。如此，才算是看到了历史的内核。

## 领导转述别人对你的不满，如何应对？

**周显王十六年（戊辰，公元前353年）**

楚昭奚恤为相。江乙言于楚王曰：“人有爱其狗者，狗尝溺井，其邻人见，欲入言之，狗当门而噬之。今昭奚恤常恶臣之见，亦犹是也。且人有好扬人之善者，王曰：‘此君子也’，近之；好扬人之恶者，王曰：‘此小人也’，远之。然则且有子弑其父、臣弑其主者，而王终已不知也。何者？以王好闻人之美而恶闻人之恶也。”

王曰：“善！寡人愿两闻之。”

**（一）史料故事**

这段故事，很有实际应用价值，特别是对身处职场中的人。读懂这个故事，你就明白了领导的心理。

楚昭王任命昭奚恤为令尹。有个叫江乙的臣子很嫉妒，便去对楚王说：“我听说过一个故事，有个人非常喜欢他的狗，但那狗有次在井边小便。邻居看见后，想去告诉他，狗却堵在门口，见邻居就咬。现在，昭奚恤总是拦着我见您，就是一样的情景。那些专说别人好话的人，您会觉得是好人，自然会与之亲近。可有些人呢，喜欢指出别人的不足，您就觉得这是个小人，然后远离他。这不是个好现象。如此下去，君主可能一辈子都不会知道，有儿子会弑父，有臣子会弑君。为什么呢？因为您只喜欢听对别人的称颂，不愿意听对别人的指责。”

楚王说：“你说得对，以后我两边的意见我都听。”

**（二）解析**

听完这段话，你可能被江乙给说服了。江乙这种人，如果活在现在，或许能成为一个销冠。

简单介绍一下当时的背景。

当时，昭奚恤深受楚王信任，手握重权。然而，树大招风，总有人看不过去，想要把他拉下马。其中，就有一个叫江乙的人。

江乙很聪明，他没有正面进攻，而是采取了更为高明的策略——暗中向楚王进言。他找到楚王，以寓言故事开场：一只狗在井边撒尿，却阻止邻居告诉主人。这里，江乙巧妙地将昭奚恤比作那只狗，暗示楚王正被蒙蔽。

接着，江乙进一步剖析了其中的利害关系。他指出，就像那只“守门狗”一样，如果楚王只喜欢听好话，长此以往，情况将变得非常危险。言外之意，是提醒楚王要保持警惕，不要被“守门狗”所欺骗。最后，江乙还不忘给楚王灌点鸡汤，说什么“兼听则明，偏信则暗”。

楚王听后大受震动，意识到忠言逆耳的重要性，决定以后要多方倾听意见。由此，昭奚恤在楚王心中的地位开始动摇。

江乙的计谋可谓一箭双雕，既损害了昭奚恤的形象，又赢得了楚王的好感。此人的智慧，确实令人佩服。但是，对于这样的人，我们应该保持警惕。江乙是个什么样的人呢?

《资治通鉴》没有记载，我查了一下相关资料。在历史上，他出现了四次，每次都在做同一件事，打击昭奚恤。

他多次向楚王进言，声称昭奚恤从魏国获取了大量珍宝并私自藏匿，还阻止他见楚王，以免事情败露。

谈及江乙，就不得不提一个家喻户晓的成语——狐假虎威。这个成语，就来源于江乙讽刺昭奚恤的故事。由此可见，江乙不仅擅长“背后插刀”，还是一位讲故事的高手。现在问题来了，到底谁才是真正的“守门狗”呢?

江乙一口咬定昭奚恤是“守门狗”，但有时候，“守门狗”也会伪装成善良的角色。就像一些历史情节一样，当人人都指责他人为“守门狗”时，真相就变得扑朔迷离。

事实上，江乙的真实面目，也并不那么光明磊落。他原本是魏国的间谍，为了离间昭奚恤和楚王的关系，才使出这么多手段。客观地说，他的离间计收效明显，差点让楚王对昭奚恤产生了怀疑。

万幸的是，楚王并非易于被愚弄的人。当时的楚王，是楚宣王，很有领导能力。

听完江乙的谗言后，他是怎么做的？

楚王召见了昭奚恤，直接告诉他，有人说了你的坏话。昭奚恤见状，立即表示了自己的忠诚："我每天侍奉在国君身边，只求为国君解忧，不敢有任何妄想。对于这种挑拨离间，我深感惶恐，请国君明察。"

楚王表示："你无须过分惊慌。我已经查明，那人是魏人。"

如果你不懂权谋，那我现在告诉你，楚王刚才的话，就是权谋。

给大家解析一下。楚王的话，其实是一种御下的策略。意思很明显，有人在打你的小报告，我注意到了，你安心办事，如果敢动小心思，别怪我不客气。

当有人对你提出批评或者不满时，领导可能会选择这种方式来提醒你。他们并不是真的站在批评者的一边，也不是要完全否定你，而是想借此机会鞭策你，让你更加尽心尽力地工作。

所以，当领导向你转述别人对你的不满时，不要慌张，也不要急于辩解。这可能只是领导在试探你，看看你会如何反应。如果你能保持冷静，理智地分析问题，并积极改进自己的工作，那么领导就会对你更加信任。反之，如果领导真的认为你有问题，处理手段直接就上来了，根本不会再花时间对你进行敲打。

当遇到这种情况时，不妨把心态放平，把这次提醒当作是一个提升自己的机会。

## 管理的本质：以术求存，以道求远

**周显王十八年（庚午，公元前351年）**

韩昭侯以申不害为相。

申不害者，郑之贱臣也，学黄、老、刑名，以干昭侯。

昭侯用为相，内修政教，外应诸侯，十五年，终申子之身，国治兵强。

**（一）史料故事**

韩国两百多年来就变了这么一次法，结果还失败了。失败的结果，就是被吞并。

仔细读完这段史料，你就会发现，申不害失败的原因就是太崇尚“术”了。管理也是一样的道理，不能只局限于“术”，而应看到更深层的“道”。

阅读战国历史，不难发现，韩国虽然是七雄之一，但实力实在是有限。韩人活在水深火热之中，一会儿被魏国踹一脚，一会儿又被秦国打一拳。那叫一个苦！

估计老百姓心里也嘀咕，怎么就这么倒霉生在了韩国。整天提心吊胆的，走到哪儿都遭人白眼，说不定啥时候小命就没了。

但是，它也有高光时刻。在短短不到两百年的时间里，韩国曾有十五年的太平日子，诸侯国都没找它麻烦。

这个“神迹”是谁创造的呢？一个曾被韩国老百姓看不起的郑国“贱民”——申不害。下面，我们讲讲这位传奇人物。

申不害的名声，是靠一次“认怂”的外交传开的。

公元前357年，魏惠王看韩国不顺眼，于是一挥手，大军压境，把韩国的宅阳围了个水泄不通。韩国上下都慌了神，刚上台六年的韩昭侯也傻了眼。

他心里明白，打是肯定打不过的。不过，要是直接割地求和，那也太没面子了。

说到面子，韩昭侯苦笑不已，这几年他早就把面子丢得差不多了，连宋国这种小角色都不把他放在眼里，更别说其他大国了。他数了数这几年打得败仗，实在是数不胜数。

但韩昭侯还是挺有上进心的，这次魏国大军压境，他不想轻易就范，至少不想再割地了。于是，他召集臣子们商议对策，想听听大家有没有什么好办法。

结果那些臣子们，一个个都拼命往后站，生怕被点名。这时候，申不害站了出来。他提了一个建议：示弱。

申不害心里明白，魏惠王这次出兵，无非就是想找找面子。只要给足了他面子，不仅不用割地，还能让他高高兴兴地撤军。

韩昭侯一听，这主意不错！于是，他亲自拿着玉器去见魏王，表示臣服。

魏王一看，韩昭侯很识相，不用动手就达到了目的，于是不仅撤了兵，还跟韩国约定成了盟友。

此事过后，这个从郑国来的“贱民”，一下子就成了韩昭侯的心腹谋臣，做了丞相。申不害做得如何呢？

《资治通鉴》记载：

“昭侯用为相，内修政教，外应诸侯，十五年，终申子之身，国治兵强。”

对当时的韩国来说，这个结果相当不错了。但是，申不害去世后，韩国的“强盛”就结束了。为什么呢？

**（二）解析**

先跟大家介绍一下当时的背景。

战国时代，各国的兼并已经达到了白热化。各个诸侯国，都忙着改革来增强国力。

当时的韩国，位于中原的心脏地带，被一堆强敌围着，地方还特小，可以说是战国七雄里处境最糟糕的一个。为了活下去，韩国迫切需要变法。

虽然大家都听法家的，但各有各的玩法。韩非子后来有总结：商鞅重法、慎到重势、申不害重术。

“术”，其实就是君主怎么运用权力的小技巧。申不害觉得，君主最大的对头可能不是外面的敌人，而是国内的臣子们。所以，他特别推崇“术治”，想尽办法加强对官员的考核和监督，以此稳固君主的权力。

说白了，就是放弃传统的道德，用特殊手段来管理。

儒家学派的人，一直强调君臣之间要有礼有节，君主对大臣要以礼相待，大臣要为君主尽忠。这才是治理国家的正道，也是历史上各个朝代都遵循的原则。

但“术治”呢，就有点偏门，虽然很多皇帝都喜欢玩点手段，但没人敢这么明目张胆。因为“术治”搞下去，君主和大臣们都得耍心眼，国家肯定遭殃，最终大家都会倒霉。

韩昭侯和申不害这两人，看起来挺厉害，把弱小的韩国治理得一度强盛起来。但说实话，他们也给韩国的衰败埋下了伏笔。试想，君主一个人，怎么可能玩得过整个官僚集团呢？

官员们普遍具有智慧，绝非等闲之辈。表面上看，君主好像很英明，把大臣们都玩弄于股掌之中。但实际上，往往是大臣们在背后操控着君主。一个著名的例子，就是后来明朝的嘉靖。嘉靖刚开始确实是玩弄了群臣，但后来，严嵩、徐阶在摸清他的脾气后，轻松将其把控。

所以，申不害的“术治”策略，虽然在短时间内加强了君权，但弊端太大。

君臣之间的关系，开始变得微妙。原本应该是同心协力的队伍，在“术治”的影响下，逐渐演变成了互相猜疑、各怀鬼胎。随着时间的流逝，韩国的内耗日益严重。君臣之间的钩心斗角、离心离德，已经不再是宫廷秘闻，而成了民间街头巷尾的谈资。这样的韩国，哪里还有能力去争霸图强？

申不害失败了，归根到底，是他没搞清楚“道”和“术”的关系。

**（三）“道”和“术”的关系**

究竟什么是“道”？什么是“术”？

即便是两千多年后，还是有很多人不明白。老子曾经说过，“道可道，非常道”，这个“道”，可以理解为宇宙中的一种力量和规律，变化多端，深不可测。

你可以将其看作是一种深层次的智慧，或者是对问题的深入和广泛的认知。

这种智慧，并不是靠简单地阅读几本书，或参加几堂课就能获取的，而是需要我们在日常生活中不断观察、深入思考和总结才能逐渐领悟。

而“术”则与“道”有所不同。相对于“道”的深奥，“术”就显得更为实际和具体。例如，修车的技术、编程的技巧、销售的方法等，这些都属于“术”的范畴。

只要大家愿意投入时间和精力去学习，基本上都能掌握其中的七八成。重要的是，“术”能带来实实在在的成果，比如学会一项新技能或完成一个项目等。

再通俗地讲，“道”就是我们的职业规划和人生目标，为我们前进的道路提供指引；而“术”，则是我们为了实现这些目标所需要掌握的具体技能和方法。

举个例子，如果你是一名销售人员，你的“道”可能就是成为销售行业的精英，为顾客提供卓越的产品和服务；而你的“术”则包括学习各种销售策略、了解市场动态、与客户保持良好关系等。

所以，只有明确了自己的“道”，并不断修炼和提升“术”，人生才能不断精进。

或许有人会说：“我只要掌握足够的技能不就行了，为什么还要去追求那么复杂的‘道’呢？”

因为只有技能而没有目标的指引，你只会是一个普通的工匠。而只有目标却缺乏实现它的技能，那你也只是一个空想家。真正的佼佼者，都是既有明确目标又具备实现目标所需技能的人。

“道”与“术”是互相促进、相辅相成的，缺一不可。只有掌握了“道”的深层智慧，我们才能更好地运用“术”去解决现实中的问题。同时，“术”的精湛，也会让我们更深刻地领悟到“道”的精髓所在。

**（四）小结**

这篇分析得有点多，稍微给大家总结一下。

申不害变法之所以失败，就是因为他只注重“术”，忽略了“道”。

“道”和“术”的区分也很简单。通常来说，“术”是容易被我们观察到的，它是表面的技巧和方法，是我们解决问题的一种手段。比如学习一门技艺、掌握一项技能，这些都是“术”的体现。而“道”则相对隐秘，它更像是内在的积淀，是我们看待世界的一种方式。

其实，“道”与“术”并非截然分开的，它们在很多情况下是交融在一起的。当我们把“术”修炼到炉火纯青、出神入化的境界时，其实已经触摸到了“道”的边缘。这是因为，在精进技艺的过程中，我们不仅需要反复练习和实践，更需要用心去感悟和理解其中的奥秘。

这种感悟和理解，就是“道”的萌芽。比如说，卖油翁能通过铜钱孔将油倒入葫芦里，他的技艺已经达到了登峰造极的地步。然而，他并没有因此而沾沾自喜，反而谦虚地说：“我亦无他，惟手熟耳。”这种豁达和自谦，正是“道”的体现。

他知道，只有不断修炼自己的内心，才能在技艺上更上一层楼。反过来，如果我们只满足于表面的方法，而忽视了内在的积淀，那么我们的技艺，也就难以达到顶尖的水平。这就像是一个瓶子，如果它只有半满的水，那么无论我们如何摇晃它，都无法使其装满。

因此，追求技艺精进时，我们不仅要注重“术”的提升，更要关注“道”的修养。

## 领导者该如何使用手中的奖惩权力？

**周显王十八年（庚午，公元前351年）**

昭侯有弊袴，命藏之。

侍者曰："君亦不仁者矣。不赐左右而藏之！"

昭侯曰："吾闻明主爱一颦一笑，颦有为颦，笑有为笑。今袴岂特颦笑哉！吾必待有功者。"

**（一）史料故事**

韩国一直都很弱，国君也基本都碌碌无为。但在其两百多年的历史中，还是出了一位优秀的领导者——韩昭侯。

上面这段史料，就记载了他优秀的管理能力。读懂了其中的道理，对你管理团队来说，大有裨益。

韩昭侯有条心爱的裤子，他反复穿，直到它看起来实在太旧，才决定让这条裤子"退役"。不过，他并没有丢，而是下令让侍从收藏好。

侍从很不解："裤子您已经不穿了，为何不赏给我们，却把它收起来呢？"

韩昭侯说："我听说英明的君主连一颦一笑都很珍惜，皱眉有皱眉的缘由，笑有笑的原因。现在这条裤子，更非皱眉或微笑可比，我必须等到有人立功时才奖赏给他。"

故事很短，但背后的道理，很值得我们琢磨。

**（二）解析**

从这个故事中，可以看出韩昭侯的领导能力还是很强的。

他明白一个道理：领导者手中的奖惩大权，不能乱用。

**在第一篇文章里我们有提到，奖惩能力是权力的来源。这段史料说明了一个问题，领导者该如何使用手中的奖惩权力？**

奖励必须根据功劳来，这样大家才会明白，荣耀是因何而来。若是随意赏赐，那奖励也就失去了意义，不再被看重。想象一下，如果不论功劳大小，人人都能得到一样的赏赐，那还有谁会有动力去努力呢？那些尚未得到赏赐的人，又怎会知道该向哪个方向努力？

所以，韩昭侯收起那条裤子，并非出于小气，而是他要维护规矩。一旦规矩被破坏了，将来的赏赐，也就失去了应有的激励作用。

所以，别看这只是一件小事，却是韩昭侯深思熟虑后的结果。

不过你可能觉得，一条旧裤子能有多大的激励作用呢？

要看这是谁的裤子。韩昭侯就是利用了人们对国君的崇拜心理，巧妙地将一条旧裤子变成了“宝物”。

道理很简单。同样一个铃铛，如果摆在地摊，你可能看都不会看一眼。可如果这是从某个特别灵验的庙里求来的，你就会悉心保存。东西没变，变的是出身。

关于韩昭侯的领导艺术，还有另外一则小故事。

有一次，韩昭侯派了个手下骑马去城里城外逛逛，看看有什么异常。手下溜达了一圈，就回来向韩昭侯报告了。韩昭侯好奇地问：“外边有什么情况？”

手下答道：“都很平静，没见什么不对劲。”韩昭侯又追问：“真的吗？再想想？”

手下一拍脑门，“我想起来了，南门外有头小黄牛，正在啃路边的嫩苗”。

韩昭侯冲他招招手，让他靠近点，低声吩咐：“我们之间的对话，一定要保密。”此事过后，韩昭侯颁布了新的指示：

“现在禾苗正在猛长，之前已经颁布条令，严禁牛马进田，但有些官员就是不当回事。结果呢，牛马都跑进田里了。各地赶紧统计一下，看看到底有多少牛马祸害了农田，报不上来，将治重罪！”

大领导都亲自下令了，下面的人哪敢怠慢，都火速去查看。

韩昭侯听完大家的汇报，却摇头说：“不行，还得再查，肯定还有漏网之鱼！”手下只好再去细细地搜寻，结果在南门外，抓到了那头吃得正欢的小黄牛。

这事儿一传开，大家都对韩昭侯的细心大加赞赏。从那以后，官员们都兢兢业业，再也不敢有丝毫大意。

想要做个好领导，心里得有点数，对整体局势得有清晰地把控。如果一个领导听不进别人的话，那他怎么可能掌握到最准确、最全面的消息呢？信息不足，他做的决定可能就不够准确，说不定还会惹出大乱子。

韩昭侯这招，很值得管理者们学习。坐在办公室调研，参观式调研，很难发现问题。即便是发现了问题，那也是对方提前给你准备好的。真想调研找问题，就该学学韩昭侯这招。

“遗漏的小黄牛”，不仅仅是一头牛那么简单，它背后蕴含着高深的领导艺术。

## 课本没讲的“田忌赛马”后续，赢了齐王，输了人生

**周显王二十八年（庚辰，公元前341年）**

成侯邹忌恶田忌，使人操十金，卜于市，曰：“我，田忌之人也，我为将三战三胜，欲行大事，可乎？”

卜者出，因使人执之。

田忌不能自明，率其徒攻临淄，求成侯。

不克，出奔楚。

**（一）史料故事**

齐国宰相邹忌，非常嫉妒田忌的战功。于是，他派人拿着十金去了市集，找算命先生来卜卦。

见了算命先生，那人也不遮掩，直接自报“家门”：“我代表田忌将军来问卦，田将军三次出征都大获全胜，现在是时候考虑更进一步的大事了吗？”

卜者离开没多久，就被人抓了。

邹忌立即将此事报告给齐威王，齐威王震怒，要求田忌给个解释。

田忌难以自证清白，也怕死，担心一进宫就被杀，于是一不做二不休，直接率领亲兵攻打国都临淄，企图捉拿邹忌。

结果，墙门都没摸到，田忌就败了。无奈，田忌只好逃往楚国。

**（二）解析**

一代名将，最后却落得出奔他国的下场，实在是可悲。不过，事情真的只是邹忌陷害这么简单吗？

当时齐国的朝堂上，两个人物风头最盛。一位是身居相位的邹忌，另一位，则是出身世家的大将军田忌。一山不容二虎，两人矛盾很大，关系一点也不融洽。

事情的转折点，发生在一次邹忌向齐王献计的事上。邹忌建议齐王，派田忌伐魏。他的想法很简单，如果田忌赢了，那是邹忌的谋略之功；如果输了，田忌的地位则不会提高。

这一计策，可谓是一箭双雕。然而，事情的发展却超出了邹忌的预料。田忌不仅打赢了战争，还赢得了民心。

邹忌深感威胁，于是开始策划：派人持金问卦，散布谣言说田忌有意谋反。

这一招相当狠辣。无论田忌是否有谋反之心，这样的谣言一旦传开，他都将陷入万劫不复之地。

果然，齐王听信了谣言，对田忌产生猜忌。

田忌得知后，十分害怕，他想来想去，也不知道如何自证清白。于是，干脆一不做二不休，直接带亲兵攻打临淄，要求齐王交出邹忌对质。结果这样的举动，反而更坐实了他“谋反”的罪名。

现在，我们来分析一下田忌被陷害事件。

先说个背景知识。《战国策》第八卷中记载了这样一段故事。

当时，孙膑一直都在田忌身边，在被陷害前，孙膑曾问他：“将军是否愿意成就一番伟业？”

见田忌疑惑，孙膑为他指点迷津：“将军，你可以在不解甲的情况下返回齐国，安排那些稍显疲惫的老兵镇守任地的关键通道。

那通道狭窄到两车并驾齐驱几乎会相撞。若派这些经验丰富的老兵把守，他们必能以少胜多，以一敌十，以十挡百，甚至以百抗千。接下来，我们依傍泰山，左跨济水，右越高唐，把军队的重要物资运送到高宛。随后，派出轻便的战车和骁勇的骑兵直逼雍门。此计若成，齐王将受将军你掌控，而邹忌必定会选择逃离。否则，将军你恐怕再难回到齐国了。”

遗憾的是，田忌并未采纳这一建议。

其实，当时的田忌，已经到了功高震主的地步，齐王对他很是忌惮。

当然，之前也有铺垫。他在赛马比赛中公然赢了齐王，让齐王颜面扫地。

从田忌的出身和军功来看，他作为世家大族出身的大将军，本就有着极高的威望和影响力。再加上他军功卓著，使得他在朝堂上的地位更加稳固。如此荣誉，让他成为众矢之的。

所以，田忌被陷害并非偶然，而是君臣之间权力斗争的必然结果。

**持金卜卦是假的，陷害也是假的，只有权力斗争才是真的。证据就是齐王对邹忌的态度。**

后来，齐威王离世，他的儿子继承了王位，也就是齐宣王。齐宣王登基不久后，便依照古时的礼制，将田忌召回国内。古代有个传统，子不言父过。齐宣王如果不是知道田忌是冤枉的，也不太可能去推翻他父亲的决定，把田忌请回来。

说到这，还有件事挺有意思，田忌虽然回国了，齐国的君主也换了，但朝廷中的重臣还是没变，邹忌依然稳坐相位。所以，在齐宣王看来，邹忌在处理田忌的事情上，并没有犯下什么大错。

**写在最后：**

田忌赛马，其实是孙膑把田忌坑了。

只需要从利益角度一分析，就能看得出来。赛马赢了齐王，最大的受益人不是田忌，而是孙膑。孙膑通过这件事，让齐王看到了他的能力，自此平步青云。而田忌呢？

赢了齐王后他还是田忌，而且，还是不给齐王面子的田忌。

## 混得好的人，都是洞悉人性的高手！

**周显王二十九年（辛巳，公元前340年）**

（秦孝公）使卫鞅将兵伐魏，魏使公子卬将而御之。

军既相距，卫鞅遗公子卬书曰："吾始与公子欢，今俱为两国将，不忍相攻。可与公子面相见盟，乐饮而罢兵，以安秦、魏之民。"

公子卬以为然，乃相与会。

### （一）史料故事

在秦国进行了变法后，商鞅迫切需要一场胜仗来证明自己。打谁呢？看来看去，看到了魏国。

商鞅对秦孝公说："秦国和魏国之间的关系，就好像一个人身患重病在腹心之处，最后的结果不是魏国吞并秦国，就是秦国消灭魏国。为什么会这样呢？

魏国位于山岭关隘的西面，都城在安邑，和秦国只有一河之隔，但它却独占崤山以东的便利。当它强大时，就向西侵犯秦国，而一旦形势不利就向东扩张领地。现在，由于您的英明圣德，秦国昌盛发达。另外，魏国去年被齐国重创，各诸侯国都背叛了它，这正是我们攻打魏国的大好时机。如果魏国无法抵挡秦国的攻势，它必定会向东迁徙。

在那之后，秦国就可以占据黄河与山川的险要地势，从东面控制各个诸侯国，这是成就帝王基业的基础！"

这个建议很有说服力。从地理位置上看，秦国要想东出，必须先打魏国。于是秦孝公同意了，派商鞅出兵，带了三万新兵。

魏国得知消息，立即派出十万大军迎战。三万秦国新兵打十万魏卒，结果不难预料。

商鞅很愁，战场上正面对抗，秦国肯定占不到便宜。想来想去，他决定玩点阴的。

魏国统帅是公子卬，商鞅的老朋友，当年他们一起在公叔痤下效力。时光飞逝，十多年后再次见面，没想到竟在战场。人生真是让人感慨，不如罢兵言和，我们俩坐下来，一起喝杯酒吧？

公子卬觉得建议不错，便同意了。结果尴尬了，商鞅扣押了公子卬，并趁魏军无主帅，将其打得大败。

魏惠王震怒，十分悔恨：“当时就该听公叔痤的，杀了商鞅！”

**（二）解析**

很多人搞不懂，公子卬怎么就傻傻地答应了呢？其实，跟时代背景有关。

得益于魏文侯时期创立的西河学派，当时的魏国，士人众多，才学出众。这个学派，不仅影响了魏文侯本人，还培养出了李悝、翟璜等名流。而商鞅、公子卬等人，也都是这一学派的传承者。

但是，从魏武侯时期开始，魏国的用人策略发生了变化，重用的士人，逐渐从下层转向了上层贵族。

平民出身的士人，例如吴起，即便再优秀，也得不到国君的信任。而上层出身的西河学子，例如田文、公叔痤，则先后为相。这种转变，也决定了平民商鞅和贵族公子卬的上升路径。

所以，看不到希望的商鞅离开魏国，去了更重视出身为平民的人才的秦国。而公子卬则留在了魏国，继续他的贵族生活。

多年后，当两人再次在战场上相遇时，他们的身份已经截然不同。商鞅成了秦国的重要谋士，而公子卬则是魏国的主将。于是，商鞅打了个感情牌。

这一战，不仅改变了战国的政治格局，也暴露了人性的弱点。商鞅为什么能骗到公子卬呢？因为公子卬单纯？

因为商鞅懂人性。大家都知道他是法家的代表人物，但其实，商鞅还是个精通兵法的战略家。

他主张“以正守国，以奇用兵，先计而后战”。先计而后战，就是打之前先用点计谋，尽量不发生武力冲突，而是让敌人从内部崩溃。如何内部崩溃？

最关键的一环，就是要利用甚至放大敌人的欲望，直到这些欲望变得无法控制，最终导致敌人毁灭。

所以，开战前商鞅提出了和谈的请求，而这恰恰迎合了公子卬的内心期望。

这并不是说公子卬天真，轻易就相信了商鞅，而是他的欲望在当时被无限放大，蒙蔽了他的双眼，使他没能看清真相。因为当时的魏国，迫切需要这样的“和谈”。

魏国刚刚在马陵经历了一场大败，太子魏申被俘虏，名将庞涓战死，十万精锐的魏武卒全军覆没。魏国此时，再也经不起任何一次战败了。所以，魏王的策略变成了尽量避免战斗，求和成了首选。

商鞅看穿了魏国的弱点和他们求和的迫切愿望，因此他顺水推舟，提出了和谈。

这一招，准确地打在了魏国的“七寸”上。可以说，这一计谋彻底改变了魏国的命运。魏国从此元气大伤，一蹶不振，而且在不久的将来，整个河西地区都被秦国夺回。

最后再强调一点，写这篇文章的目的，不是要你去利用人性，而是让大家知道这回事，防止被骗。就像练兵一样，是为了保家卫国，而不是侵略。

## 商鞅最后为什么惨死？司马光评价了六个字，字字珠玑！

周显王三十一年（癸未，公元前338年）

秦孝公薨，子惠文王立，公子虔之徒告商君欲反，发吏捕之。
商君亡之魏，魏人不受，复内之秦。
商君乃与其徒之商於，发兵北击郑。
秦人攻商君，杀之，车裂以徇，尽灭其家。

### （一）史料故事

公元前338年，秦孝公去世，嬴驷即位，是为秦惠文王。

见时机到了，曾被商鞅处罚的公子虔的门下弟子，纷纷控诉商鞅谋反。

官府派人去抓他。商鞅闻风逃向魏国，但魏国的边境将士却将他拒之门外。

无路可走的商鞅，只得再次返回秦国，退回到他的领地商於。他在那里组织兵力，挥师向北攻打郑县，但不幸的是，他最终兵败被捕。商鞅死后被车裂，家族也遭到了灭顶之灾。

当时，商鞅作为秦国的宰相，执法严酷，甚至曾在渭水河畔对死刑犯进行处决，使得河水都被染成了红色。他担任宰相的十年间，积累了大量的怨恨。

赵良曾去拜访商鞅，商鞅自认为对秦国的崛起作出了不可磨灭的贡献，甚至想与秦穆公时期的宰相百里奚相提并论。

于是，他问赵良："你觉得我与五羖大夫相比如何？"（五羖大夫就是百里奚，当年秦穆公用五张羊皮将其换回来，故得其名。）

赵良比较怕死，先问了一句："千百人的随声附和，也不如一个人的直言不讳。

我能否直言不讳而免于一死？”

商鞅鼓励他说：“请直言。”

于是，赵良开始说：“五羖大夫，原是一个楚国的乡野之人，但秦穆公将他从放牛的卑微身份，提拔到了万人之上的地位，秦国人对他无比敬仰。

他担任宰相的六七年，不仅帮助秦国攻打郑国有功，还三次扶持晋国的新君，并曾解救楚国于危难之中。虽然他身居高位，但出行总是步行，不乘车；即使在烈日下，他也从不打伞遮阳。

他在都城中行走，没有随从车队，也没有保镖护卫。当他去世时，秦国的男女老少都为之痛哭，甚至连小孩子都因为伤心而停止了歌唱。那些一起舂米的人，也默不作声，不再唱起他们的工作歌。然而，您呢？

您是靠着一个受宠的臣子推荐才得以晋升，这样的崛起之路，并不如五羖大夫那般令人敬仰。您上任后，对公族苛刻，对百姓也造成了很大的伤害。公子虔，因您的惩罚已经八年没有出过门了。您还杀了祝懽，对公孙贾施以了黥刑，毁了他的容貌。

《诗经》上说：‘得到人心者兴旺，失去人心者衰败。’您的所作所为，似乎并没有赢得人心。您每次出行，都有车辆跟随、士兵护卫，还有持矛操戟的甲士。没有这样的排场，您甚至不敢出门。《尚书》上说：‘依赖德行的人会昌盛，依赖武力的人会灭亡。’您这样的排场，显然不是依赖德行！您现在的处境，可以说是非常危险！权势和富贵，可能很快就会消失。但您不但没有意识到这一点，反而更加贪恋商於的富贵，独揽秦国的政权，积累了大量的民怨。一旦秦王过世，想要对付您的人，恐怕不在少数。”

商鞅听完这些话后，并没有太在意。但仅仅五个月后，他就被杀了。

**（二）解析**

估计不少人都疑惑，商鞅为秦国作出了重大贡献，秦惠文王自己也肯定了变法，为何一定要杀商鞅？

答案很简单，杀商鞅符合他的利益。原因有两点。

**第一，秦惠文王跟商鞅有仇。**

秦孝公在世时，商鞅有着坚强的后盾，但秦孝公一死，情况就急转直下。

新国君秦惠文王上台，他对商鞅没什么好感。想当年，秦惠文王还是太子的时候，就因为商鞅的严格执法，使得他的两位老师受到了惩处。这梁子，算是结下了。

**第二，商鞅的权力太大了。**

在主持变法的过程中，商鞅积累了巨大的影响力，他的风头，已经远远盖过了新君嬴驷。

国君的象征是什么？权力！

权力就是他的命，谁也不能碰，即便是儿子也不行。所以功高震主的商鞅，已经威胁到了嬴驷。

而且，除掉商鞅一举两得。旧贵族们一直都想除掉商鞅，嬴驷把他交出去后，某种程度上，能减轻这部分人对变法改革的反感。

尽管嬴驷并不偏爱商鞅，但他心里明白，商鞅推行的变法是对的。因此，如果只牺牲商鞅的性命，就能够平息那些旧贵族的怒火，同时又能保持变法所带来的进步，那对整个秦国来说，就是最有利的选择。

这么看来，当时秦国都是商鞅的敌人？

其实不然。还有变法的既得利益者：平民百姓。但可惜的是，他们没有话语权。而且，从平民的视角看，他们所感激的是国家的政策，而并非商鞅个人。

于是在这样的情境下，舍弃商鞅以平息旧势力的反对，就是嬴驷的最优选择。

可悲的商鞅，旧贵族想要他死，新国君也容不下他。按理说，他应该趁早卷铺盖走人，找个安全的地方避风头才对。但商鞅这个人，一心扑在改革上，他觉得自己的使命还没完成，不能轻易放弃。

命运就是这么捉弄人。商鞅在出逃的路上，因没有带通行证而无法离开秦国。而这条法律，是商鞅自己定的。

这真是让人哭笑不得，自己制定的法律，最后竟然成了困住自己的枷锁。无奈之下，商鞅只好回到自己的封地，起兵反抗。

结果就是以卵击石，商鞅被处以车裂之刑，全族被杀。这样的结局，对于他来说，或许早已注定。

回头来看，商鞅其实有两个选择可以避免这样的结局。一是早早逃离秦国，二是在秦孝公去世时，提前准备好退路。但他都没有选择，可能是把变法看得太重，愿意为此付出一切代价。当然，也可能是舍不得荣华富贵。

综合来看，商鞅的死虽然悲惨，但很有价值。他的死，在一定程度上熄灭了旧贵族的怒火。同时，也确保了改革制度的持续执行。可以说，商鞅是用自己的命，为秦国的崛起铺平了道路。

对于商鞅的死，司马光评价了六个字：“天资刻薄少恩。”

这也是重要的一点。但没办法，他代表的是法家，是严酷的律法，需要严格约束百姓。

这是商鞅自己选的路，结局再悲惨，也只能自己承受。

另外，关于商鞅和秦孝公这对君臣，网上有种说法，说秦惠文王只是刽子手，真正的凶手是孝公。至于证据，是孝公死前担心儿子坐不稳王位，便表示要传位给商鞅。商鞅拒绝了，但事情也传开了，特别是传到了嬴驷的耳朵里，间接害了商鞅。

这是一个版本。

但我更愿意相信这个版本。我宁愿相信孝公之言是真的。

孝公清楚，他死后商鞅也很难独活，这才要传位，以保商鞅。商鞅也知道这点，但不能为了自己活着，而违背当初的誓言。

中华五千多年的历史，秦孝公跟商鞅，算是君臣关系的典范了。

**（三）从权谋角度看商鞅之死**

到底什么是权势?

**权，就是权力，能够决定事情走向的能力；势，则是影响力，能够让别人听从你的指令。**

有权未必有势，有势却往往能带来权。这就像你在单位里，可能只是个普通员工，但如果你人缘好、口碑佳，那么你的“势”就强，办起事来自然顺风顺水。

商鞅变法后，秦国的政治格局发生了翻天覆地的变化。原先的贵族世袭制被打破，权力逐渐集中到了职业官僚手中。这些官僚们当然想把自己的权力一代代传下去，可商鞅的变法却让他们难以如愿。

于是，关于权力的博弈开始了。

在这场博弈中，商鞅犯了一个致命的错误：他没有建立起自己的势力。商鞅的权力，完全来自秦孝公的赋予，一旦秦孝公不在，他的权力基础就瞬间崩塌。就像是一座没有根基的房子，风一吹就倒。

当然，制度使然，商鞅也没有办法。新兴官僚手中的权力，来自秦孝公而非商鞅，自然不会跟他一伙。所以，商鞅一直都是孤零零的一个人。

商鞅不开心，官僚们也不开心，因为他们很难将手上的权力传承下去。

局势的改变，发生在汉代。

汉武帝推行“罢黜百家，尊崇儒术”，不仅加强了君权，也让臣子们找到了传承权力的途径——通过师生关系来传承势力。

清朝末期的官场更是如此，拜师帖、结党营私成了常态。这些都是为了建立自己的势力范围，确保权力的延续。

回到商鞅。

如果他当初在变法的过程中，能有意识地笼络平民阶层和新兴官僚，将自己的变法与他们的利益捆绑在一起，形成强大的势力后盾，那么当秦惠文王想要收回他的权力时，就不得不考虑这背后的势力影响。

可惜，商鞅没有这么做。

后来的袁世凯，就相当聪明。在清朝时期练兵时，他就把军队变成了自己的私人势力。哪怕他被清廷免去了一切职务，失去了表面的权力，但他对北洋军的影响力依然不减。

这就是为什么他能在失去权力后依然能复出，甚至在一定程度上防止了被人清算。

说到底，商鞅之所以轻易被秦惠王击败，就是因为他没有建立起属于自己的势力。他的权力来源完全依赖于别人赋予，这种不平衡的权力结构最终导致了他的悲剧。

由商鞅的悲惨结局回到现实，我们能得到一些教训。**初入职场，我们是否应该加入一派势力或是跟着某个人?**

答案是肯定的。这样做不仅能给事业带来巨大的助力，还能让你更快地在新环境中站稳脚跟。

当然了，选择哪个团队或哪位领导，需要你擦亮眼睛，好好挑选。这件事，一定不能急。

**另外，在单位里如何避免因无用而被抛弃?**

最好是在你还有价值、手握权力的时候，悄悄建立起自己的势力和影响力。这样，无论单位局势怎么变，你都能有足够的底气和资源来应对。千万不要等到自己“无用”了才开始行动，那时候可能就来不及了。

# 第四章

## 合纵连横，说动一个人最好的办法，是从对方的利益出发

## 苏秦两次回家，人性丑陋被展现得淋漓尽致！

**周显王三十六年（戊子，公元前333年）**

初，洛阳人苏秦说秦王以兼天下之术，秦王不用其言。

苏秦乃去，说燕文公曰："燕之所以不犯寇被甲兵者，以赵之为蔽其南也。且秦之攻燕也，战于千里之外；赵之攻燕也，战于百里之内。夫不忧百里之患而重千里之外，计无过于此者。愿大王与赵从亲，天下为一，则燕国必无患矣。"

文公从之，资苏秦车马，以说赵肃侯。

### （一）史料故事

《资治通鉴》里对苏秦的记载不多，所以想了解这个人，就必须再看看其他的古籍。《东周列国志》里，详细讲述了苏秦的人生。

苏秦，生在洛阳一个普通家庭，家境贫寒。如果不出意外，苏秦会继续沿着父辈的脚步，守着那一亩三分地，继续穷一辈子。

但苏秦不愿意，他想出头，想要荣华富贵。可是穷人没钱，又没有资源，该怎么崛起呢？苏秦找到一个办法，读书。

"悬梁刺股"，描述的就是苏秦用功读书的样子。少年的时候，苏秦拜鬼谷子为师，跟孙膑、庞涓成了同窗。后来，孙膑、庞涓出山，都成了当时的大人物。苏秦看在眼里，急在心里，他也想出去闯闯，看看外面的世界。

第一个地点，他选择了秦国，想在那里一展宏图。可惜，理想很丰满，现实很骨感。当时秦国正在处理商鞅，对这种外来的士人很是不待见。他的建言被秦王一口否决，还被人家嘲讽了一番。

苏秦只好灰溜溜地回家，可谓是颜面扫地。《战国策》记载：

“苏秦羸縢履蹻，负书担橐，形容枯槁，面目黧黑，状有愧色。”

意思是，苏秦穿着草鞋，背着书，一路步行返回了洛阳。回去的时候，神情憔悴，面目黧黑。

这还不是最惨的。长途跋涉后终于回到家，本以为能稍微休息会儿，但眼前的景象却让他心如刀绞。

归至家，妻不下纴，嫂不为炊，父母不与言。——《战国策》

见到苏秦回家，妻子抬头看了一眼，继续织布；嫂子也不给他做饭，连父母，也不愿意跟他说话。

当时的苏秦，心中苦涩可想而知。但正是这种屈辱，激起了他内心深处的斗志。他拿起老师给的《阴符》，开始闭门苦读，日夜钻研。每当困倦时，他就用锥子刺自己的大腿，提醒自己不能懈怠。

经过一番苦读，苏秦终于再次出发，这次他选择了赵国。虽然一开始没得到赏识，但他没放弃，又辗转到了燕国。

在燕国，他的才华终于得到了燕文公的认可。苏秦凭借自己的诚信和智谋，成功说服了燕文公，提出了联合六国共同抵抗秦国的“合纵”策略。就这样，苏秦凭借着三寸不烂之舌，开始在六国之间穿梭游说，把他的“合纵”理论传播得淋漓尽致。

一人之身，挂着六国相印。底层士人苏秦，终于崛起了。

合纵成功后，苏秦北上向赵王复命，途经洛阳。一路上，车骑连绵，随从如云，简直像是帝王出巡。

很快，消息传到了“真帝王”周显王的耳中，他不敢怠慢，急忙下令净水洒街、黄土铺路，以示隆重。甚至，还特地派遣使者前往洛阳郊外，以最高礼节迎接并慰问苏秦。

苏秦衣锦还乡，家人态度大变。苏秦的兄弟、嫂子、妻子，平日里都是普通的老百姓，哪见过这等场面？

众人皆低头，不敢直视。当苏秦走进家门，他们更是恭敬有加，一个个俯首帖耳，小心翼翼地端茶送水，生怕有任何闪失。

苏秦看着这一幕幕，心中五味杂陈。他忽然想起往日里大嫂的刻薄，于是笑着问她：“大嫂，为何你以前对我那么傲慢、刻薄，现在却变得如此恭敬、顺从呢？”

大嫂听了这话，尴尬万分。她扭扭捏捏地爬到苏秦脚下，脸贴着地面，声音颤抖地说：“这……这还不是因为您现在官做得大，黄金多嘛。”

有一说一，这嫂子，也是实在人。苏秦心胸宽广，没有计较，只是颇有感慨地说：“我还是我，从没有变过。如今富贵了，亲人们害怕、恭敬；想当初贫贱的时候，他们却又那样轻视我。亲人尚且如此，更何况是其他人呢！假如当初我在洛阳近郊有两顷好田，过着安稳的日子，又怎会有机会佩戴六国相印呢？”

对人性，苏秦看得很透。回到家乡后，他修建房屋，帮助家族致富。此外，还让自己的弟弟苏代、苏厉跟着自己学习，培养他们成为有用之才。

尽管苏秦最后的人生以悲剧收场，在齐国被人谋害，但他的家族依然兴旺发达。他的弟弟们在齐国、燕国担任大臣，继续着他的事业。

北宋的王安石评价苏秦：“想君魂魄千秋后，却悔初无二顷田。”

是啊，底层百姓想要逆天改命，实在是太难。但无论如何，我们都应该坚信，老天总会给人留下一条活路。无论遭遇多少艰难，都不应放弃对美好生活的追求。只要心中有希望，脚下就有路。

回顾苏秦的一生，我们不难发现：奋斗、宽广的胸怀，这些品质在他身上得到了完美地展现。正是这些品质，让他从一个穷小子逆袭成为战国时期的外交名家。所以，如果你现在也正处在人生的低谷，不妨学学苏秦这股子不服输的劲。

**人生就像一场马拉松，不是看你的起点有多高，而是看你能坚持多久。**

# 权力可以下放，但制衡一定要做好

**周显王四十八年（庚子，公元前321年）**

韩宣惠王欲两用公仲、公叔为政，问于缪留。

对曰：“不可。晋用六卿而国分；齐简公用陈成子及阚止而见杀；魏用犀首、张仪而西河之外亡。今君两用之，其多力者内树党，其寡力者藉外权。群臣有内树党以骄主，有外为交以削地，君之国危矣！”

**（一）史料故事**

从古到今，权力如何分配，一直都是个问题。

普通人可以不懂，但作为管理者，一定要清楚。否则，你管理的小团队，将会十分混乱。

韩宣惠王打算同时重用公仲和公叔来管理国家，但他拿不定主意，便去问缪留。

缪留回应说：“这样不行。以前，晋国因为任用了六卿，结果国家被分裂；齐简公任用了陈成子和阚止，招致杀身之祸；魏国任用了犀首和张仪，结果丢失了西河之外的土地。如果大王您同时重用这两人，那么他们中势力大的一方会在朝廷内结党，势力小的一方则会借助他国的力量。结果就是，权臣在朝中结党挟制君主，弱臣与国外势力勾结蚕食国家的领土。国家危矣！”

**（二）解析**

对这段材料，我们要辩证地看。

古代，帝王们日夜所思的，无非是两件事：如何长生不老和怎样牢牢把控权力。

长生不老是个遥不可及的梦想，毕竟生死有命，富贵在天，再怎么折腾也逃不过命运的安排。但是，权力这东西，却可以通过谋略来把控。帝王为什么一定要把控住权力？

道理很简单，因为权力是帝王的象征，这直接关系到他们统治的稳定。比如，太子的地位是否稳固、官僚的权力大小，以及将军的影响力，这些都是帝王需要深思熟虑的问题。

一旦处理不当，就可能导致权力流失，甚至王位都可能受到威胁。上面史料中的韩宣惠王，所遭遇的就是类似的困境。他有意同时任命公仲和公叔两位重臣，来辅佐他治国，但又心存疑虑。为了得到更多的建议，他决定咨询谬留的看法。

谬留表示反对。不仅反对，他还举了三个例子：晋国因六卿而分裂，齐简公因陈成子和阚止而遭遇不幸，以及魏国因犀首和张仪而失去西河之地。他认为，这些都是因为权力过度分散所导致的国家灾难。

谬留的论点听起来很有道理，但其实仔细推敲的话，会发现有不少漏洞。

第一，他所列举的历史事件，与韩宣惠王当前的情况，并不完全吻合。晋、齐、魏的历史教训，与韩国当时的政治环境是否具有可比性，这很值得商榷。就像有人因噎食而亡，我们就认为所有人都不应该吃饭一样，显然不合逻辑。

第二，谬留的推断存在一定的假设性。他认为，同时任用两人，一定会导致内部结党和外部求援，但这只是一种假设，并非一定会发生。孩子学走路时会摔倒，难道就因为摔倒，而永远阻止他学习走路吗？

这是一种过度保护，很不理智。那么，历史上的韩宣惠王，是如何决策的？

他没听谬留的，坚持让两人同时执政。这个选择，是完全基于韩国的现状。

韩国的处境很差，处于四战之地，军备又不行，基本谁也打不过。这样的国情，需要灵活的外交政策。公仲主张连横，而公叔则主张合纵，两人的不同政见正好可以形成互补，发挥各自优势。

当然，韩宣惠王之所以这么决策，也是他对朝堂的把控力不够。

在中国的历史上，尽管君权占据主导地位，但那帮大臣的权力，同样不容忽视。如韩非子所言："主有术，两用不为患；无术，两用则争事而外市，一则专制而劫弑。"

如果君主具备治理之术，那么任用多人并不会成为问题。反之，如果君主无能，即使只任用一人，也可能引发事端。

所以，对管理者而言，最重要的本事就是掌控全局的能力。

## 最高级的说服，不是说服，是认同

**周慎靓王四年（甲辰，公元前317年）**

张仪说魏襄王曰：

“梁地方不至千里，卒不过三十万，地四平，无名山大川之限，卒戍楚、韩、齐、赵之境，守亭、障者不过十万，梁之地势固战场也。夫诸侯之约从，盟于洹水之上，结为兄弟以相坚也。今亲兄弟同父母，尚有争钱财相杀伤，而欲恃反覆苏秦之余谋，其不可成亦明矣。大王不事秦，秦下兵攻河外，据卷衍、酸枣，劫卫，取阳晋，则赵不南，赵不南则梁不北，梁不北则从道绝，从道绝则大王之国欲毋危，不可得也。故愿大王审定计议，且赐骸骨。”

魏王乃倍从约，而因仪以请成于秦。

**（一）史料故事**

张仪去魏国，游说魏襄王：

“魏国领土方圆不满千里，士兵也不到三十万，周围都是平地，没有名山大川之险，士兵需要时刻把守与楚、韩、齐、赵四国的边界。

实际上，能用来保护国内城市和关键要地的兵力，不过十万人。魏国的地形，本身就是个战场。现在各诸侯国在洹水边合纵结盟，说是要像兄弟一样互相扶持。可是，说实话，这种兄弟关系，真的靠得住吗？就连一个母亲生的亲兄弟，都可能为了钱财而大打出手，所以想要靠苏秦以前合纵的办法，恐怕是行不通了。大王，您要是不肯向秦国低头，秦国一旦出兵攻打河外，占领了卷城、衍城、酸枣这些地方，再挥师攻打卫国，占了阳晋，那赵国就过不来，魏国也出不去，南北的路都被切断了，那还怎么联合呢？

我这么说，不是图自己的好处，而是真心为了魏国的未来着想。希望大王您能好好想想。如果可以的话，我这个宰相的位置，不要也罢。”

魏襄王听后，思来想去，便放弃了跟其他国家的联合，托他向秦国求和。游说成功后，张仪回到秦国，继续当他的宰相去了。

**（二）解析**

有人说，世界上两件事最难：一件，是把别人的钱装进自己的口袋；而另一件，就是把自己的想法装进别人的脑袋。

很多时候，我们发现，说服别人并不是一件容易的事。你苦口婆心地劝说一个人，但他却像块石头一样，毫无反应。明明说的都是对的，但对方就是听不进去。

其实，这并不是你的问题，而是你没有掌握正确的说服技巧。正确的说服技巧是什么呢？

上面的史料，给了我们一个很好的思路。说服别人，一定要从对方的角度去讲好处。

首先，要摸清对方的需求。《影响人类行为》里，提到一个观点：

“行为根植于人类的根本欲望，无论在商界、政界，还是家庭或学校，说服别人的首要途径，是引发对方的强烈需求。能者纵横天下，庸者踽踽独行。”

如果你想说服一个人，就要先了解他的欲望和需求。

分析下张仪的话，他的开头，说了魏国的现状。四战之地，各处都需要防御，自保能力很差。这是现实。当时的魏国早已经没落，对外屡战屡败，几乎没有还手之力。

魏王心里也很焦虑，这种情况下，到底该怎么办？张仪贴心地给出了解决方案。

**方案一：合纵。**

看起来，似乎可行。但亲兄弟都会反目成仇，何况关系本来就不合的六国呢？

魏国强大的时候，对周边国家都用过兵，有的还被揍得挺狠（比如赵国、韩国），将来自己摊上了事，他们不落井下石就不错了，怎么可能指望他们援助。另外，即便是真来援助，也救不了魏国。一旦秦国出兵，切断其南北的联系，赵、韩想救都过不来。

所以，合纵方案不行。

**方案二：连横。**

跟秦国联盟，西方就平安无忧。另外，即便是其他五国要对付魏国，以秦魏联军的实力，也是谁都不惧。经过一番游说，魏王同意了连横。

仔细分析张仪的话，他其实没有劝说，而是站在魏国的角度，从国家利益出发，给出一个最优的方案。

《鬼谷子》里，也对说服方法进行过总结，思路基本一致。鬼谷子称之为捭阖之术。他建议，先熟悉对方的脾气、秉性、喜好，再根据人趋利避害的特性，从利害两方面去说服对方。这样一阴一阳，一软一硬，就可以说服对方。

**所以归根到底，最好的说服，其实是不说服。关键在于，你能够找准对方的需求，然后，就可以把自己的想法装进别人的脑袋里。**

最后，我们总结一下说服的逻辑：

1.分析现状。

2.怎么改变现状?

3.办法一：利弊分析，通常弊大于利。

4.办法二：利弊分析，好处明显大于坏处。

希望对你有用。

## 秦国取了巴蜀，到底得了多大的好处?

**周慎靓王五年（乙巳，公元前316年）**

巴、蜀相攻击，俱告急于秦。秦惠王欲伐蜀，以为道险狭难至，而韩又来侵，犹豫未能决。

司马错请伐蜀。张仪曰："不如伐韩。"

### （一）史料故事

公元前316年，西南地区的巴国和蜀国开战。

原因很尴尬。蜀国和巴国的关系一直都很紧张，蜀王为了遏制巴国的势力，于是将弟弟封为苴侯，领地在汉中。结果，也不知怎么的，王弟跟巴国国王处成了好哥们，交情深厚。蜀王发现后很不高兴，于是出兵。王弟被迫逃到巴国，蜀王随即向巴国发动攻击，从而点燃了巴蜀之战。

巴王明白自己不是蜀国的对手，因此向秦国求援。现在，问题抛给了秦惠文王。

是继续打韩国，还是进军巴蜀？他拿不定主意，于是问了群臣。

张仪主张打韩国，理由很充分。既然魏国现在已经与秦国结盟，那么可以策动魏国进击南阳，同时联合楚国从南方施加压力，而秦国则封锁韩国的重要交通线三川，全力攻打新城和南阳，这样韩国必定无法抵挡。一旦控制了韩国，就等于控制了东西周王都，可以占据九鼎，甚至挟天子以号令诸侯，实现霸业。至于蜀地，地势险峻，攻打下来也得不到太大的实际利益。

听起来很有道理。不过，司马错觉得不靠谱。他表示：建立霸业，首先要稳固基础。想要国家富强，必须扩张领土；想要兵力强盛，必须让民众富足；想要统治天下，必须广施恩德。这三者都做到了，那么霸业就水到渠成了。目前秦国土地有限，民众并不富裕，所以应该先从容易的地方着手。蜀地，是西边的一个偏僻小国，也是戎翟的首领，趁他们国内混乱，我们出兵将会轻而易举地将其占领。占领蜀地后，秦国土地更多，而且他们的物产，也可以让秦国百姓更富足。

所以，攻下蜀地，天下人不会觉得秦国残暴；获取蜀地的全部财富，天下人也不会觉得秦国贪婪。这样一来，秦国既能得到实际的利益，又能得到好名声。但如果攻打韩国，威胁天子，那就会背上恶名，而且还不一定能得到实际的好处。更糟糕的是，秦国可能会被视为不义之国。现在周朝仍是天下的宗室，与韩国关系紧密。如果他们联合起来，再拉拢其他国家，那秦国就危险了。

听完两人的建议后，秦惠王决定伐蜀，因为司马错的建议更有说服力。

不知道大家有没有发现，司马错的说服思路，跟上篇分析的基本一样。

1.分析现状（秦国地少，百姓穷）。

2.怎么改变现状?

3.办法一：伐蜀，难度小，能得到大量土地、财富以供养秦国，而又不担恶名。

4.办法二：攻韩，难度很大，可能得不是实际好处，且可能被各国群起攻之。

由此可见，高效的说服，思路基本是一致的。

秦惠王最终听从了司马错的建议，出兵攻打蜀地。只用了十个月就将其成功占领，并降低了蜀王的地位，改称他为侯，并派陈庄去辅佐他。

自从巴蜀之地（巴国顺便也被灭了）归属秦国后，秦国的实力更加强大，资源更加丰富，也更傲视各国。

**（二）解析**

司马错说得其实不错，拿下巴蜀后，秦国霸业可成。三个原因。

**1.防御铜墙铁壁**

关中和巴蜀，其实是两个要塞。

关中有“四塞之固”的称号，就是说你得从四个方向攻打，才能进去。巴蜀更别提了，四周都是山，敌人想要攻入进去，得先翻山越岭，难度极大。

所以，当秦国把这两个地方连在一起后，就建起了一道铜墙铁壁。无论敌人无论从北路、中路还是南路，都得面临噩梦级别的难度。

**2.进攻随心所欲**

秦国原先就有关中平原作为跳板，想打谁就打谁。现在加上了巴蜀，更是不得了。特别是对楚国，秦国等于是多了几个进攻点。

以前秦国要攻打楚国，最快的路就是走商洛，现在不一样了，可以从汉中顺着汉水下去，也可以直接从巴蜀顺长江而下。

这两条路，秦国都有上游优势，楚国只能被动防守。

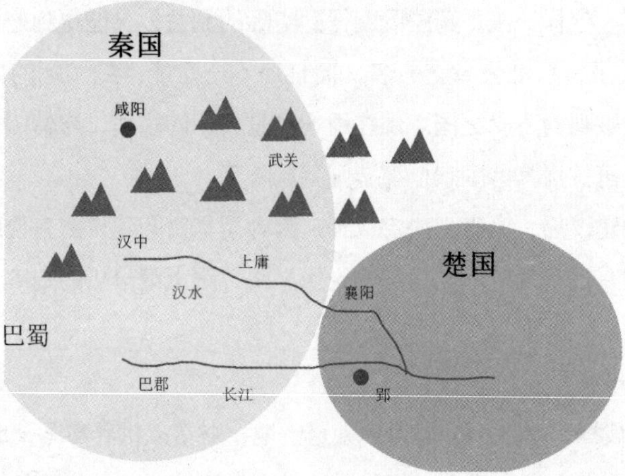


3.经济翻倍

这一点最重要。

打仗，归根到底还是拼经济。关中平原虽然是个好地方，但土地有限，产的粮食也就那么多。要想跟其他六国长期对抗，这点家底显然是不够的。

大概来说，秦国的耕地面积约四百万公顷，巴蜀的耕地面积约六百万公顷。

秦国得到巴蜀后，物资翻了一倍！有了粮食，秦国就能养活更多的士兵，打造更强大的军队。所以，有了关中+巴蜀的组合，秦国就有了统一六国的家底。

司马迁曾赞叹，关中之地虽然只占天下的三分之一，但它的财富却堪比天下的六成！他说的关中，并不是我们常说的那个关中，而是“关中+巴蜀”的“大关中”概念。

千百年来，只要有人能成功打造这个“大关中”格局，一统天下就不是梦。比如说，后来的汉高祖、隋文帝、唐高祖。

这些赫赫有名的帝王，都是靠着这个“大关中”公式，一步步建立起自己的帝国。虽然他们统治的时间有长有短，但有一点可以肯定：以关中为根基的王朝，都带有一种与生俱来的战斗精神。他们可能在文治上稍显不足，但绝对不会软弱可欺。

不过，事务是变化的。在唐朝之后，关中经历了巨大的转变。粮食生产逐渐衰退，原本自给自足的关中，开始需要外部的支持才能维持。甚至整个巴蜀的资源都不够用，还得靠江南的粮食来支援。正是这个变迁，打破了那个曾经无懈可击的“大关中”公式。

历史的重心，也慢慢地从“东西之争”转向了“南北之争”。

# 欲速则不达：管理中的耐心与长远规划

**周慎靓王五年（乙巳，公元前316年）**

苏秦既死，秦弟代、厉亦以游说显于诸侯。

燕相子之与苏代婚，欲得燕权。苏代使于齐而还，燕王哙问曰："齐王其霸乎？"

对曰："不能。"王曰："何故？"

对曰："不信其臣。"于是燕王专任子之。

**（一）史料故事**

战国七雄里，燕国的出身最高贵，但活得最没有存在感。

燕国开国君主昭公，是周武王的儿子，地位显赫。但昭公的命不好，被分到了偏远的北方。

翻开燕国的历史，基本就是一部挨揍史。前期，受到游牧民族欺负，打不过。好不容易熬到战国时代，燕国的国力逐渐强盛，可以对付游牧民族了。然而可悲的是，齐国崛起了，燕国继续挨揍。

公元前316年，也许是忽然有了救亡图存的意识，燕王哙将王位禅让给相国子之。整个过程，十分奇葩。

有一次，苏代（苏秦的弟弟）从齐国出使回来后，燕王哙好奇地问他："你说，齐王能称霸吗？"

苏代说："我看不行。"燕王追问："为什么？"

苏代回答得很直白："因为齐王不信任他的大臣。"燕王哙有所顿悟，于是更信赖并依赖子之（是苏代的亲家）。

这时候，有个叫鹿毛寿的臣子对燕王说：“大家都知道尧是个贤明的君主，主要是因为他能把天下让给有才能的人。如果大王您能把国家的管理权交给子之，那您就跟尧齐名了。”

燕王听了很高兴，就真的把更多国家大事交给子之管理，子之的地位，也因此越来越高。

过了不久，又有人提醒燕王：“想当年大禹虽然推荐了益，但为了帮自己的儿子启积累威望，他实际上安排了很多启的人在重要职位。等到大禹老了，他表面上传位给益，但实际上启已经有了足够的支持，最终启联合自己的势力击败了益，夺取了天下。现在大王您虽然是把国事交给了子之，但官员们大部分都是太子的人，这不就像是当年大禹的做法吗？表面上传给益，实际上是为启铺路。”

燕王哙听后，又有所顿悟。为了表示自己禅让的决心，下令将三百石以上的官职印信全部收回，并交给子之管理。

从此之后，子之名正言顺地接管燕国，而年老的燕王哙则退居幕后，不再直接参与朝堂之事。

**（二）解析**

燕王哙，为何这么轻易被忽悠？

其中的原因，并非可以简单地用“愚蠢”来概括。

战国时期，各国竞相改革，意图富国强兵。尽管燕国被列为七雄之一，但实际上它一直处于一种“心有余而力不足”的窘境。

由于地处偏远，人才难得，燕国的国力一直未能得到显著提升，这使得历代燕王都倍感焦虑，总是担忧燕国会被邻国吞并。燕王哙继位后，也是竭尽全力。但国家的基础薄弱，想要迅速强盛起来，又谈何容易呢？因此，他计划找个有本事的高级经理人。

就在此时，“才华横溢”的子之出现了。燕王哙很高兴，将其委任为相国，负责国家大政。在他看来，有了子之的助力，燕国或许能迎来转机。

任何事情都是这样，欲速则不达。过于急切，往往适得其反。为了表达对子之的支持，燕王哙甚至将王位拱手相让。你可能会质疑，这燕王哙的脑子，是不是有问题？

其实并非如此，他之所以这么做，一方面是因为确实对子之的才能赞赏有加，另一方面，也是希望子之能放开手脚进行改革，带领燕国迅速崛起。

**所以，燕王哙想图强，这是内因。苏代等人的劝说，只是给他提供了一个图强的方法，是外因。《矛盾论》告诉我们，内因是变化的根本，是核心，外因通过内因而起作用。**

另外，除了渴望国家强盛外，燕王哙还追求好名声。他一直将远古的贤人作为自己的楷模，希望能赢得“近似贤人”的美誉。而这一点，也被有心人看在眼里。

所以，子之的手下鹿毛寿，就向燕王哙建议：“那些名垂青史的贤人们之所以伟大，是因为他们做出了如禅让君位这样的壮举。既然你现在如此贤明，为何不尝试一下禅让君位呢？这样一来你的名声岂不是能与尧舜相媲美！”

燕王哙听闻此言，大为心动。这样一来，既能赢得美名，又能让子之放手改革，岂非两全其美？

但是，他忽略了一个至关重要的问题：太子平并不认同这一做法。作为王位的合法继承人，太子平自然不愿意，于是他联合了国内的反对势力，开始对付子之。

可惜的是，最终以失败告终。而此时，齐国趁火打劫，借燕国内乱之机发兵攻打。战乱中，燕王哙和子之双双丧命，结局凄惨。

> “燕士卒不战，城门不闭。齐人取子之，醢之，遂杀燕王哙。”

这个“醢”（音hǎi）字，实在让人害怕。商朝的太师梅伯，以及西汉的梁王彭越，都遭受了这种残酷的刑罚。

“醢”，原本是指肉酱的意思，是名词。但如果把它当成动词，那指的就是古代一种将人剁成肉酱的极端残酷刑罚。刑罚的结果，就是把人变成了一堆碎渣。

行刑时，想必燕王哙把苏代等人骂惨了。其实也怪不得别人，他做的决定，当然要自己负责。

纵观这段历史，燕王哙之所以被人忽悠，就是因为他急于求成、追求好名声的心理被人给利用了。身为领导者，一定不要重蹈他的覆辙。

## 真正厉害的人，一半君子一半小人

**周赧王二年（戊申，公元前313年）**

秦王欲伐齐，患齐、楚之从亲，乃使张仪至楚，说楚王曰："大王诚能听臣，闭关绝约于齐，臣请献商於之地六百里，使秦女得为大王箕帚之妾。秦、楚娶女嫁妇，长为兄弟之国。"

楚王说而许之。

群臣皆贺，陈轸独吊。

### （一）史料故事

秦惠文王想攻打齐国，可又怕齐楚联盟太强大，于是就派张仪游说楚王。

张仪跟楚王说："如果您能听从我的建议，与齐国断绝关系，我承诺给您六百里的商於地，还可以让秦国的公主成为您的妃子。这样，秦楚两国就成了兄弟之国。"

楚王一听，乐开了花，立马就答应了。大家都跑去恭喜楚王，只有陈轸一个人苦着脸。

楚王很不高兴："我没动兵就得到了六百里地，你苦着脸是为什么？"

陈轸答道："事情恐怕没这么简单。依我看，那六百里地是得不到的，反而可能会让齐国和秦国联合起来。"

楚王问："为什么这么说？"

陈轸解释道："秦国之所以看重楚国，是因为我们有齐国的支持。如果我们与齐国断交，楚国就会变得孤立无援。到那时，秦国又怎么会把那么大块地给我们呢？张仪一回秦国，肯定会背信弃义。这样一来，我们北边失去了与齐国的友谊，西边又会引起秦国的敌意，两国的军队都可能会来攻打我们。大王，依我看，我们不如暗地里与齐国保持友好，表面上再与齐国断交，然后派人跟着张仪去秦国。如果秦国真的给我们地，再与齐国断交也不迟。”

陈轸的建议很有道理，按理说，楚王应该会考虑。可没想到，楚王直接怒了：“陈轸不要再说了，等着看寡人收地吧！”

随后，楚王重赏了张仪，与齐国断交，并派了一位使者同去秦国。谁料张仪一回秦国，就假装从车上摔下来受伤了，三个月都没上朝。

楚王听说后，心想：“张仪是不是觉得，我跟齐国断交得还不够彻底呢？”于是，派了一个叫宋遗的勇士，借着宋国的符节，去北边辱骂齐王。齐王非常生气，决定跟秦国联盟。

这时，张仪才开始上朝，并告诉楚国的使者：“你为什么不接受我们给你的地呢？从某处到某处，一共六里地。”

使者震惊了，赶紧跑回去告诉了楚王。楚王大怒，恨不得马上出兵攻打秦国。

陈轸说：“我能说句话吗？攻打秦国不如送给它一座城，然后与秦国联手攻打齐国。这样，我们虽然在秦国那里失去了一些土地，但可以从齐国那里得到补偿。现在大王您已经与齐国断交，又想去责备秦国的背叛，这只会促使齐国和秦国更加紧密地联合起来，招来各国的军队，那样，我们楚国必定会遭受重创。”

但楚王没听进去，还是派屈匄带兵伐秦。结果，惨败。

**（二）解析**

简单看这段历史，大家可能觉得楚怀王目光短浅，为了六百里地，竟然背叛自己的盟友。

其实不然，了解人物的决策，必须明白当时的历史背景。

**1.齐楚联盟其实很脆弱**

齐楚都是强国，多年来一直争斗不断。

后来，秦国经过商鞅变法迅速崛起，成了新的强国，齐楚两国感到压力，这才不得不选择了结盟。

可是，即便是结盟，两国也是面和心不和。比如说，齐国会在背后玩小动作。

公元前306年，越王无疆意图效仿勾践，挥兵北上，矛头直指齐国。面对这种情况，齐威王心生一计。他派出使者，说服越王改变攻击目标，声称楚国此时正忙于四处征伐，无暇他顾，现在是攻打楚国的最佳时机。

越王无疆被说服了，改变策略，转而向楚国发起进攻。然而，他没想到的是，楚威王早有准备，亲自率军迎战，于战场之上斩杀了越王无疆。

天下没有不透风的墙，楚威王当然知道齐国在背后捣鬼，于是向齐国问责。

问责的形式也很简单，直接带兵叩关。齐国大败，无奈投降。

所以，齐楚联盟其实很脆弱，表面和气，实则各怀鬼胎。

这种貌合神离的关系，注定了一旦有更大的利益诱惑出现，所谓的"友谊"就会瞬间瓦解。而商於之地，就是这样一个足够大的诱惑。

**2.商於之地诱惑足够大**

这块位于楚国和秦国之间的土地，不仅地理位置重要，更是军事、经济的交通要道。对于楚国来说，夺回商於之地，就意味着在未来的战争中夺得先机。

其实，楚怀王对此地的执念，不仅仅是因为它的战略意义，更是因为这是楚国曾经的失地。夺回它，对于楚怀王来说，是一种国家尊严的象征。

所以，当张仪带着六百里商於之地的诱惑来到楚国时，楚怀王内心的挣扎可想而知。

一边是与齐国的脆弱友谊，一边是失地尽复的诱惑。在稍作纠结后，利益的天平倾向了后者。楚怀王选择了与齐国断交，以此来换取商於之地。

然而，陈轸却觉得不合适。秦国哪有什么信义，不能贸然信任。可惜，楚怀王不听。其中，既有楚怀王对陈轸的不信任，也有陈轸自身的信誉问题。

**3.楚王为什么不听陈轸的建议?**

问大家一个问题，对一个曾经伤害过你的人，他说的话，你还会信吗?

公元前323年，楚国大将昭阳在连下魏国八城之后，意图乘胜追击，挥师攻打齐国。然而，这个计划却被陈轸破坏了。

当时，齐王面对即将到来的楚军，心中满是忧虑。而恰巧在此时，秦国的使者陈轸（当时是秦国的臣子）出现在了齐国。齐王急切地问："我们该如何应对楚国的进攻呢？"

陈轸回答："大王莫慌，我有一计，定能让楚国不战而退。"

他找到了昭阳，讲了一个"画蛇添足"的故事，"将军已经为楚国打下了魏国八城，功劳卓著，可谓是无人能及。但现在若再进军齐国，胜了固然好，可楚王对您已是赏无可赏了。若是败了，不仅官职爵位难保，还会给楚国带来耻辱。这不就是'画蛇添足'吗？不如就此撤军，向齐国示好，这才是明智之举"。

昭阳听后深以为然，下令撤军。就这样，楚国错过了一次对齐国的绝佳攻势。

所以，在楚王看来，陈轸曾做过伤害楚国的事，是不可信的。

回顾楚怀王的悲剧，究竟是什么让他做出这样的决策呢？是利益的诱惑，还是对国家尊严的执着？

或许，这两者都有。但更重要的是，楚怀王在决策过程中，忽视了人性中的利益驱动。

**有些人，确实是能为钱丢弃脸面的。自己要当君子，但不能把所有人都当成君子。**

## 成大事的核心能力是与天下同利

周赧王三年（己酉，公元前312年）

燕人共立太子平，是为昭王，昭王于破燕之后，吊死问孤，与百姓同甘苦，卑身厚币以招贤者。

谓郭隗曰：“齐因孤之国乱而袭破燕，孤极知燕小力少，不足以报。然诚得贤士与共国，以雪先王之耻，孤之愿也。先生视可者，得身事之！”

郭隗曰：“古之人君有以千金使涓人求千里马者，马已死，买其首五百金而返。君大怒，涓人曰：‘死马且买之，况生者乎？马今至矣。’不期年，千里之马至者三。今王必欲致士，先从隗始。况贤于隗者，岂远千里哉？”

### （一）史料故事

燕国内乱之后，太子姬平当了国君。此人名气很大，也就是后来我们所熟知的燕昭王。

有了靠谱的国君，燕国的混乱总算开始平息了。姬平很体恤百姓，经常去安抚那些战死士兵的家属，还帮衬孤儿寡母，跟老百姓一起共渡难关。

燕昭王是有血性的，父兄被杀，他想报仇。但燕国现在的实力太弱了，经此大劫，能存活已是不易，怎么可能对付齐国？

燕昭王是个明白人，要报仇，必须富国强兵。而富国强兵，必须靠人才。于是，他对大臣郭隗说：“你如果发现有本事的人，一定要告诉我，我把他们当国师一样供养着。”

郭隗想了想，给燕昭王讲了个小故事：“从前有个国王，想要买匹千里马，结果手下人找到一匹的时候，那马已经死了。可是，那手下人居然把马头给买回来了。国王非常气愤，可那手下人说，连死马都肯花大价钱买，还愁买不到活马？果不其然，不到一年，就有人主动送上了三四千里马。大王，不如就将郭隗当成马骨。”

燕昭王觉得有道理，便给郭隗盖了座宫殿，以国师的礼仪对待他。消息一传十，十传百，有才华的人纷纷投奔燕国而来。

魏国来的乐毅、赵国来的剧辛，都成了燕国的座上宾。特别是乐毅，燕昭王直接将其提拔成了亚卿，管理国家大事。此后，燕国日渐强盛。

**（二）解析**

燕昭王的做法，给所有领导都上了一课。**不会画饼的领导，不是好领导。但领导如果只会画饼，那就跟骗子没两样。**

什么是职场画饼？简单来说，就是给你描绘一幅美好的蓝图，大谈理想、未来、奉献、拼搏精神，还有公司的发展和上市计划。

他们会告诉你，只要努力，人生的意义就能在这里找到。公司非常看好你、对你特别重视、想要重点培养等。不过，所有这些漂亮话里，就是绝口不提你的工资。这种画饼的行为，说白了就是忽悠。

要是真有人认可你的价值，那他肯定会在待遇上体现出来，而不是只给你开空头支票。一个人如果真的赏识你，他就算不能给你世界上最高的薪水，也一定会尽他所能，拿出他能给出的最好报酬。所以，你的工资，就是单位对你认可程度的最直接证明。

你看人家燕昭王，那就是真求才。只要你有本事，薪资待遇就直接拉满。什么是看重？这就是看重。

**画饼是领导的基本功，但更重要的，是分饼。**再比如后面要讲到的刘邦，也是这方面的高手。只要舍得分大饼，何愁大事不成呢？

与项羽相比，刘邦在诸多方面都稍逊一筹。他的出身并不显赫，缺乏足够的号召力。幸好，有条白蛇被刘邦砍了，就此编了一个故事。甚至，还雇了一位老妇人来演绎这场戏，声称那条白蛇是他的儿子。更离谱的是，他和吕雉还编造了另一个故事，说他们在送饭时看到哪里有霞光，就往哪里寻找，每次都能准确找到目标。

在那个年代，这些迷信故事，确实大幅提升了刘邦的神秘感。

刘邦的武力值不够看，不管是当面单挑，还是群殴，都打不过项羽。比如说彭城之战，刘邦带领五十六万联军偷了项羽老家。结果呢？

项羽当时正在齐国，得知消息后，留下大部队，只带了三万人回援。五十六万对三万，按理是碾压局。确实碾压了，只不过是项羽碾压刘邦。

此战之后，汉军元气大伤，几乎全军覆没，就连刘邦自己，也差点被擒。曾经投奔刘邦的诸侯，也纷纷投向了西楚。可以看出，相比项羽，刘邦还是太弱了。怎么办呢?

针对种种不利情况，他找到了一个办法：慷慨，豪横。

项王不能给的，我给！项王不舍得的印章，我刻好了送过去！项王讲资历，我啥也不看，只要有能力，回报不是问题!

在那个年代，出身就是号召力，武力就是真理。但是，刘邦充分扬长避短，用这种最朴素的方式，极大地提高了自身的竞争力。

若干年后，王陵回忆起刘邦的慷慨："陛下慢而侮人，项羽仁而爱人。然陛下使人攻城略地，所降下者因以予之，与天下同利也。项羽妒贤嫉能，有功者害之，贤者疑之，战胜而不予人功，得地而不予人利，此所以失天下。"

与天下同利，这就是刘邦成大事的核心能力。天下就是一张大饼，项羽不舍得分，但刘邦舍得。

他为什么不吝啬呢？道理很简单。不分，自己什么也得不到；主刀下手，至少自己还有一份。

## 凡是你想控制的，其实最后都控制了你

**周赧王四年（庚戌，公元前311年）**

张仪归报，未至咸阳，秦惠王薨，子武王立。

武王自为太子时，不说张仪，及即位，群臣多毁短之。

诸侯闻仪与秦王有隙，皆畔衡，复合从。

**周赧王五年（辛亥，公元前310年）**

张仪说秦武王曰："为王计者，东方有变，然后王可以多割得地也。臣闻齐王甚憎臣，臣之所在，齐必伐之。臣愿乞其不肖之身以之梁，齐必伐梁，齐、梁交兵而不能相去，王以其间伐韩，入三川，挟天子，案图籍，此王业也。"

王许之。

**（一）史料故事**

张仪奔波六国，终于说服他们连横，功成名就。可惜的是，他还未抵达咸阳，便传来了秦惠王驾崩的消息。

太子嬴荡继位，也就是后来的秦武王。

嬴荡早在太子时期，就对张仪没有太多好感。他一上位，朝廷里的大臣便都纷纷说张仪的坏话。

六国得知张仪和秦武王关系紧张，便纷纷背弃了与秦的连横之约，重新合纵。张仪无奈，开始为自己找后路，他向秦武王提出了一个计划：

“如今天下大势已变，这正是大王扩张领土的绝佳时机。我听说齐王最看我不顺眼，可以说是我到哪里，他就打到里。我愿意去一趟魏国的大梁，相信我一到那，齐国肯定会出兵攻梁。等他们两国打得难解难分时，大王您就可以趁机攻打韩国，占据三川，挟持天子，进而一统天下，成就帝王之业！”

秦武王听后，觉得这个计划可行，便同意了。

果然，张仪一到大梁，齐王就立马出兵攻梁。魏王得知消息后，忧心忡忡，但张仪却胸有成竹地说：“大王莫慌，我自有妙计让齐国退兵。”

他派人前往楚国，请楚国派使者到齐国游说。张仪很聪明，他知道，如果自己直接派使者，估计都进不了齐国，另外即便话传到了，齐王也未必会信。所以，他决定“借嘴说话”。

楚国的使者到了齐国，便开始忽悠齐王：“大王，您上了张仪的当！他这一招是让您帮他，现在，秦王更看重张仪了！”

齐王很疑惑：“此话怎讲？”

楚使解释：“张仪离开秦国，其实是和秦王商量好的计策，就是为了让您和魏国开战，然后秦国就可以趁火打劫，占领三川。现在您真的攻打魏国了，这不仅会让齐国疲惫不堪，还会让您背上攻打盟友的骂名，而张仪在秦王心中的地位却会因此而提高！”

齐王如梦初醒，立刻下令撤兵回国。

于是，张仪在魏国安稳当上宰相，安享晚年，一年后安详离世。

**（二）解析**

张仪的结局，算是非常完美的。功成身退，实在是让人佩服。

老子的《道德经》中有句话：

“持而盈之，不如其已。揣而锐之，不可长保。金玉满堂，莫之能守。富贵而骄，自遗其咎。功遂身退，天之道也。”

明白月满盈亏的道理，确实相当重要。什么都想要，但最后往往什么都得不到。

多不如少，手里拿了太多的东西，实际上会更难带走。试图紧紧地抓着一把沙子，但它一定会从指缝中逐渐滑落，倒不如只抓半把。用盆子去接水，如果接得太满，水就会在盆里来回晃动，甚至溅出，结果水和盆边上的水渍会弄得到处都是。所以，接个七八分满的水，或许是个更好的选择。

从历史来看，痴迷于权贵，不懂进退的人，一般都没有好下场。比如说前面提到的商鞅。赵良曾提醒过他，但商鞅不以为然，觉得自己不会出事。结果，最后被秦惠文王五马分尸。

**道理很简单，当你因为做出成就而声威大震时，那些身居高位的人，会因为你的威望而感到威胁。**

你的成就，无形中挑战了他们的地位，他们自然会开始戒备你，甚至可能会暗中削弱你的影响力。当你站在高处，也意味着你挡住了别人的路。

那些渴望升迁的人，看到你的位置，说不嫉妒，那都是假的。君子可能不会，但小人们，一定会联合起来，设法除掉你这个强大的对手。

另外，因为人性的弱点，当人立下大功时，天性就会沾沾自喜，认为自己无所不能。如果没有自控意识，就会不由自主地目中无人。慢慢地，会得罪很多人，让他们对你心生怨恨。

这些人如果联合起来，就会形成一股强大的反对力量。对你来说，这绝对是一个巨大的，甚至可能是致命的威胁。

所以，知道什么时候该停下，什么时候该退后一步，是相当重要的自保能力。

**适时的退让，不是软弱，而是为了保护自己，为了更长远的未来打算。**

当然，有一点也要强调。功成身退，首先，你得“功成”，然后才能“身退”。人活一辈子，还是要做出自己的成就。

当然，每个人要走的路都不一样，不必模仿别人。《明朝那些事儿》里有句话，我非常赞成。

“成功只有一个，那就是按照自己的方式去度过人生。”

所以，在达到我们的人生目标前，不该总想着身退。一味地强调“身退”，只能是偷懒的借口。

## 越是厉害的人，越是向上管理的高手！

**周赧王七年（癸丑，公元前308年）**

秦王使甘茂约魏以伐韩，而令向寿辅行。

甘茂令向寿还，谓王曰："魏听臣矣，然愿王勿伐！"

王迎甘茂于息壤而问其故。

**（一）史料故事**

张仪离开秦国后，甘茂开始在秦国大放异彩。

简单介绍下这位猛人。

甘茂，出生于楚国的下蔡（今安徽颍上甘罗乡）。有趣的是，这个地名源于甘罗，也就是甘茂的孙子。

甘茂年轻时，深入研究了诸子百家的学问。得益于张仪的引荐，他得以面见秦惠文王，并被委以重任。然而，在惠文王治下，甘茂的为官时间并不长，也没有立下显赫的战功。

真正让甘茂名垂青史，成为战国时期的著名将领的，是在秦武王统治时期。

前文提到，秦武王对张仪并无好感，导致张仪为了自保而选择离开秦国。但是，秦武王却相当看好甘茂。

就在张仪离秦的那一年，即公元前310年，秦武王派遣甘茂前往蜀地平定内乱。公元前309年，秦国设立了丞相职位，右丞相由秦国公族樗里子（秦惠文王的弟弟，武王的叔叔）担任。左丞相的职位，则交给了甘茂。

从这个任命中，我们不难看出秦武王对甘茂的重用。

公元前308年，秦国与魏国在应城举行会盟。会盟圆满结束后，秦武王任命甘茂担任主将，与副将向寿一同领兵，联合魏国共同进攻韩国的宜阳。这个地方，别看它小，但相当重要。

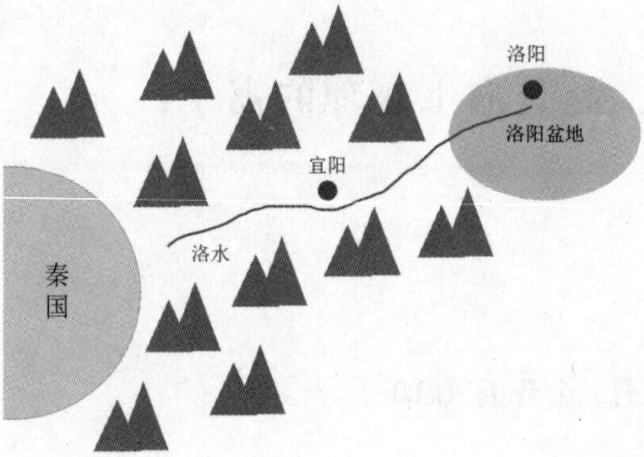


宜阳，位于周朝都城洛阳的西边，是秦国想要通往洛阳的必经之地。换句话说，以前秦国人若要去洛阳拜见周天子，得先通过韩国，不仅得办理烦琐的签证手续，还得等韩国许可才能通行。如果宜阳成了秦国的地盘，那秦国便能直接与洛阳相连，从此往东走的路，就会变得一马平川，再无阻隔。

如能成功，功绩很大，但难度自然也不小。

甘茂自然清楚其中的困难，于是，他搞了一场“幺蛾子”。还没到秦韩的边界，甘茂就让向寿先回去报告，说：“魏王已经答应一起出兵了，但我想还是别打了吧。”

武王很蒙，每个字都认识，但连在一起就看不懂了。没办法，他亲自跑到息壤去问甘茂。

甘茂解释说：“宜阳是一个县，但实际上跟一个郡差不多大。我们带着大军翻山越岭，跑到这么远的地方去打仗，不是一下子就能赢的。这中间要是联系断了，难免会有人在我背后说坏话。以前鲁国有个和曾参同名的人杀了人，有人跑去告诉曾参的母亲，开始她还不信，可后来听多了就信了，吓得她翻墙就跑。说实话，我比不上曾参那么贤德，您对我的信任，可能也比不上曾母对她儿子的信任。更何况，朝中怀疑我的人，可不止两三个。我怕您到时候也沉不住气。”

“以前，魏文侯派乐羊去打中山国，打了整整三年才打下来。乐羊回朝后觉得自己挺了不起，可魏文侯给他看了一大堆别人告他状的信。乐羊看完后，连声说：‘都是国君您的功劳！’现在您看，我一个楚国人，在秦国带兵，要是长期在外，那些像樗里子、公孙奭这样的人，肯定会说我和韩国勾结什么的。说不定您就真信了，把我叫回去，那之前的努力就都白费了，对秦国也没任何好处。”

秦王明白了：“我完全相信你！”于是，两人就在息壤盟誓，甘茂带兵攻打宜阳。

甘茂围攻宜阳五个月，仍未打下来。果然，朝中开始有人说他坏话，特别是樗里子和公孙奭，争相在秦王面前说他的问题。

秦王开始犹豫了，想召回甘茂。甘茂只说了一句话：“在息壤的誓言，您还记得吗？”

秦王说：“当然记得！”又增派了援军给甘茂。

最终，秦国大获全胜，斩首六万，成功占领了宜阳。韩国的相国公仲侈亲自到秦国求和。

**（二）解析**

这段材料，确实是向上管理的典范。

想要在单位里脱颖而出，争取到能立功的机会固然重要，但更关键的是，如何稳稳地将功劳拿到手里。

现实相当残酷，当你即将拿到成功的果实时，往往会发现，身边充满了嫉妒。嫉妒之下，他们可能会出手。至于手段，其实并不新鲜，就两种。

**第一种，直接抢你的成果，你做项目他们拿好处。**

**第二种，不择手段地搞破坏，让你的成果化为乌有。**

面对这种情况，甘茂的手段，就很值得我们细细揣摩。他抓住了事情的关键，秦武王，也就是他的直属上级领导。

秦武王的目的，他很清楚，就是要拔宜阳、夺三川郡，兵发周王室，震慑天下，成就王业。在这条战略规划的路上，宜阳就是关键。所以，甘茂去攻打宜阳，就已经实现了第一步：把领导的利益跟自己的利益绑在一起。

当然，这还不够。

甘茂是懂风险管理的。他明白如何提前为领导做好心理铺垫，对于可能出现的风险，他未雨绸缪，让领导在风险出现之前就有所准备。这样一来，当困难真正来临时，领导不会因猝不及防而做出不利于甘茂的决策。

当然，人都有忘性，领导也不例外。如果他忘记了之前的铺垫，该怎么办？

甘茂的办法很简单。他会及时地找出当时的承诺，以此提醒领导，这些都是大家共同商讨、早有预案的。没人愿意被自己打脸，领导也不例外。

向上管理很重要，能让你拿到更多的资源，但拿到资源后能不能干出成就，就看你的向下管理水平了。

向下管理思路其实也很简单，搞清底下人的需求即可。继续看甘茂的事例。

宜阳迟迟攻打不下来，士兵们其实很疲惫，很多人都不肯卖命了。这时候，副将提了一个意见："公不论兵，必大困。"意思是："将军若不严明军法，我们将会陷入重重困境。"

甘茂表示："我虽是丞相，但作为楚人，立身之本就是顺应秦王意愿。如今秦王想要强力拿下宜阳，如果拿不下，不仅樗里疾会借机打击，韩国的公仲也会施压。我的政治生涯将面临终结，再无翻身之日。若明天还未能攻下，我便战死城下，以报国恩。"

甘茂对局势的洞悉可谓一目了然，但问题的关键在于，即便看穿了这些利害关系，他又该如何应对？

他个人固然勇气可嘉，但怎么才能让全军将士也像他一样奋不顾身呢？

解决之道，就在于激发将士们为自己的利益而战。秦国的军功制度完善，军功和奖励都有明文规定。但在这关键时刻，需要给士兵们更多的激励。

于是，甘茂决定拿出自己的全部家产，赏赐给有功的士兵。在这生死存亡之际，他选择了倾尽所有，孤注一掷。

结果上天也没亏待他，宜阳被成功攻克，秦国军队"斩首六万"。

作为旁观者，我们或许认为甘茂的决策理所当然。但实际上，历史上不乏那些在生死关头仍然舍不得钱财，最终人财两空的例子。甘茂的这一步，虽然是在迫不得已的时候做的，但确实也证明了他的领导者魄力。

**财聚人散，财散人聚。人家跟着你干，无非是想多挣钱罢了。**

所以，在向上管理完成后，一定也要进行向下管理。否则，不成事，领导对你再多的赏识，迟早也会将你弃之如敝屣。

# 第五章

# 六国图强，忽略人性的决策，很容易被人性背刺

## 让自己强大的最好方式，就是向对手学习！

**周赧王八年（甲寅，公元前307年）**

赵武灵王北略中山之地，至房子，遂至代，北至无穷，西至河，登黄华之上。

与肥义谋胡服骑射以教百姓，曰：“愚者所笑，贤者察焉。虽驱世以笑我，胡地、中山，吾必有之！”

遂胡服。

**（一）史料故事**

战国初期，赵国很弱，经常被其他国家暴打，有几次还被打到了都城邯郸。幸亏旁边国家看不下去了，慷慨解囊，派出援军，这才救了赵家一条命。

赵家的命，其实真的不太好。大家听过的赵氏孤儿，说的就是赵家的祖先。

当时遭遇大难，整个赵家只留下一个孩子。后来，这个孩子在大家的帮助下，奋发图强，终于报了大仇。但因为实力差，赵国一直不温不火，直到赵武灵王的出现。

赵雍，赵国第六代国君，后世的名气相当大。梁启超评价他是“黄帝之后第一伟人”，现在的很多人，包括许多历史学家也认为，他是战国时期唯一能阻挡秦灭六国之人。

他只做了一件事：胡服骑射。而这件事的起因，是因为生存压力。

商鞅变法后，秦国频频东出，与之接壤的赵国感到了巨大压力。赵雍作为赵国的国君，很不舒服。他不想忍，便决心改变现状。翻翻历史书，回顾各国由弱到强的例子，无非都是通过变法。

最初，魏国通过变法成为战国初期的霸主，创建的魏武卒横扫天下，没有敌手。

后来，楚国任用吴起改革军事，楚国由弱变强，扩张领土扩到手软。再后来，秦国开始商鞅变法，国力迅速崛起。赵雍也想变法。可是，从哪里开始变呢?

赵国的地理位置靠北，主要位于今天的山西、河北一带。赵国以北，便是游牧民族，当时称之为胡人。与中原文化崇尚礼节不同，胡人一直以来都崇尚实用，很少有繁文缛节，打架也是，怎么实用怎么来。

反映在军士的作战服饰上，游牧民族穿窄袖短袄，多使用骑兵、弓箭，而中原的军士服饰宽衣大袍，多使用兵车、长矛。相比之下，游牧民族的军士，具有更大的灵活机动性。

赵雍敏锐地发现了一点，因此确定了改革的目标：建立一支灵活的骑兵军队。于是他下令，在全国推行胡服，练习骑射。

命令很简单，只是改穿衣服，并没有侵犯任何人的利益，非要说伤害了谁，也只是卖中原服饰的商人。

这样一项利国的政策，推行起来应该非常顺利。但现实是，阻力相当大。

贵族们首先不愿意了，带头的是公子成，论辈分，赵雍要喊他一声叔。公子成反对的说辞，也是掷地有声："我中原文化源远流长，诗书礼乐最讲究。这也是胡人部落羡慕的地方，大王为何抛弃一切，反而去学习胡人？"

赵雍回应道："赵国东有齐国，北有燕王国和东胡部落，西有楼烦部落和秦国。我们的边防部队，仍使用传统武器，缺乏现代化装备，一旦敌人发动攻击，如何防御？以前，中山国依仗齐国撑腰，侵略我们土地，杀害我们百姓，决河水灌鄗城，如果没有祖先保佑，鄗城可能就失守了，这是赵国最大的羞辱。我之所以改变服装，更新战备，只不过为了准备四境应变，报中山国之仇。叔父大人却坚决维持固有传统，忘了鄗城丢丑，大出我的意料。"

公子成听完，哑然，对赵王拜了拜，算是被说服了。

赵雍赏了他一套胡服，公子成就穿着这套胡服上朝了。

随后，赵雍正式发布了胡服令，号召全国的人学习骑马射箭，史称"胡服骑射"。

**（二）解析**

观察赵雍胡服骑射的过程，贵族群体的反对意见很大。

其实这很容易理解，本来"华服"穿得好好的，突然让改穿"蛮服"，谁能愿意?

**做任何事，都不会得到所有人的认可。关键是，争取核心人物的支持，让支持力量占优势，事情就能推动下去。**

在胡服骑射的过程中，赵雍就找到了这个关键人物，公子成。他是赵国宗室的长辈，得到他的认可，事情的阻力就小了一半。所以，这个人物是关键。

赵雍很清楚这点，所以，他先让侍者去问了叔父的意见。得知叔父反对后，他又亲自上门，真诚地劝导。反复地交流，这才说动了这位长辈。

结果证明，这些努力是完全值得的。在后续的改革中，赵国宗室基本没有拖后腿。

再说胡服骑射的改革。

赵雍的改革，其实很大胆。因为在这之前，马匹的定位，主要是运输。为什么会这样呢？

这是一个技术问题。先秦时期，马镫还未被发明。没有它，骑马打仗就成了一项技术活，难度可想而知。但历史总是充满了变数，常年与游牧民族打交道的赵雍，发现骑兵的巨大潜力。

胡服骑射后，赵国逐渐培养出了骑兵队伍，这在当时的中国，是开天辟地的大事。但话说回来，这支骑兵与后世的骑兵还是有所区别的。赵国骑兵虽然勇猛，但并不像后世的重装骑兵那样，能够直接冲破敌阵，而更多的是在战场的侧翼，进行骚扰、攻击。可即便如此，骑兵的建立，也大大提高了赵军的整体战力。

不过，细心的朋友可能发现了。“胡服骑射”好像只是在军事和着装上，其他更深层次的领域，比如说经济、政治、文化等，却并未被触及。

确实没涉及。至于原因，可能有两个。

1.只计划改革军事，不动其他。

2.在军事改革初见成效后，再逐步深入到其他领域。

但命运弄人，后来因为传位问题，赵雍的人生潦草收场。历史的蝴蝶效应，总是让人唏嘘。

正因为“胡服骑射”并未触及国家的根基，赵国在后来的长平之战中，暴露出了它的软肋。被迫与秦国决战，但因为后勤、政治、经济等多方面的落后，导致赵国惨败。

这就是赵国的胡服骑射，虽然辉煌，但归根到底，只是一场未能触及核心的变革。

## 赵武灵王之死的真实原因，不是废长立幼，而是低估了人性

**周赧王十六年（壬戌，公元前299年）**

五月戊申，大朝东宫，传国于何。王庙见礼毕，出临朝，大夫悉为臣。

肥义为相国，并傅王。武灵王自号“主父”。主父欲使子治国，身胡服，将士大夫西北略胡地。

**（一）史料故事**

赵武灵王传位给太子赵何。

赵何继位后去祭祖庙祈福，随后便召开了首次宫廷大会。

大会上，所有大臣都向新王表示了效忠，肥义更是被封为了相国。赵武灵王自号“主父”。

主父的计划是这样的：让儿子负责国家的日常治理，而自己则专注于军事。他穿着胡人的服饰，率领手下的一班士大夫向西北进发，去经略胡地，准备从云中、九原南下，直取秦国都城咸阳。

为了更好地了解秦国的地理环境和政治情况，甚至秦王本人的性格，主父决定伪装成赵国的使臣，亲自出使秦国。

秦王不知情，接见了他。

会面后，秦王觉得这位“使臣”气度不凡，不太像是普通臣子，于是心生疑虑，派人去追查，但主父已经逃出了秦国的关隘。

经过一番调查才得知，那位使臣竟然是赵武灵王本人。整个秦国为之震惊。

**（二）解析**

赵武灵王的军事才能出类拔萃，但他的政治手腕，实在是让人大跌眼镜。

他做的两件事，最让人看不懂。

**第一，壮年时退位给自己的儿子。**

赵武灵王十五岁即位，一干就是二十七年。正当壮年时，他传位给自己的儿子赵何。这操作，在当时的政治圈里，绝对是“一股清流”。

就军事才能来说，赵武灵王绝对是天才，他避实就虚，确实找到了一条可以击败秦国的路。

这条路，在后世已经得到证明。公元626年，东突厥的颉利可汗率领了十几万骑兵，突然南下对大唐的都城进行了袭击。骑兵从九原地区，一直南下到泾阳（今陕西泾阳），距离长安只有四十里。京师震动。当时长安城里只有几万军队，形势十分严峻。在这种情况下，李世民不得不与颉利可汗签下“渭水之盟”。由此可见，九原的奇袭战略完全可行。

可惜，赵武灵王想出了这个计划，但没有时间实施。他想当然地认为，政治和军事可以分开处理，儿子管政治，他管军事，两全其美。可军事是政治的延续，哪有只搞军事不搞政治的道理?

很快，他就尝到了自己种下的苦果。赵武灵王退位后，自称“主父”，类似于后来的“太上皇”。但他发现，自己虽然名义上退了，但实际上还是放不下权力。

这种既想当甩手掌柜，又想暗中操控的做法，很快就引发了政治斗争。

**第二件事，分裂赵国。**

更让人匪夷所思的是，赵武灵王还曾有过把赵国一分为二的念头。

长子赵章本来就是太子，但因为赵武灵王宠爱吴娃，爱屋及乌，所以后来就废了赵章，立幼子赵何为太子。按理来说，换就换了，就该彻底打消长子赵章的念头。但是，赵武灵王没有。

某次朝会上，见长子赵章向弟弟行礼，赵雍这个做父亲的，心里很不是滋味，觉得自己亏欠于他。于是，赵武灵王萌生出了封长子赵章为代王的想法。

这个想法，可以看出赵武灵王确实不懂政治，或者说低估了人性。赵何是赵王，赵章是代王，一个国家两个政权，这不就是分裂吗?

当然，估计他觉得自己还在，能镇得住底下这群人。

可惜，赵武灵王想错了。臣子们敬畏的，从来都不是赵雍，而是赵王。**再说得直**

**白些，他们敬畏的是权力，是坐在那个位置上的人**！即便赵雍再厉害，名声再大，一旦退位，手中的权力便很有限。

当然，我们不能否认赵武灵王在军事上的成就。他推行的“胡服骑射”改革，让赵国军队的战斗力大增。改革打破了华夏的传统束缚，让赵国的骑兵部队如虎添翼。

在赵武灵王的领导下，赵国收复了失地，扩大了疆域，一时间成为诸侯国中的佼佼者。然而，也正是这些军事上的成功，让赵武灵王有些飘飘然。他开始犯下一系列政治错误，比如废长立幼、兄弟内斗等。这些错误，最终导致赵国的政治动荡和内战。就连赵武灵王自己，也被围困在沙丘宫中直至饿死，整整三个月，竟没有一个亲信来救。

悲哀，实在是悲哀。司马迁在《史记》中评价他道：“吴娃死，爱弛，怜故太子，欲两王之，犹豫未决，故乱起，以至父子俱死，为天下笑，岂不痛乎！”

说得比较贴切。

## 高手要懂得克制纠正别人的冲动

**周赧王十七年（癸亥，公元前298年）**

邹衍过赵，平原君使与公孙龙论白马非马之说。

邹子曰："不可。夫辩者，别殊类使不相害，序异端使不相乱，抒意通指，明其所谓，使人与知焉，不务相迷也。故胜者不失其所守，不胜者得其所求，若是，故辩可为也。及至烦文以相假，饰辞以相惇，巧譬以相移，引人使不得及其意，如此害大道。夫缴纫争言而竞后息，不能无害君子，衍不为也。"

座皆称善。

**（一）史料故事**

平原君赵胜喜欢供养士人，府上有好几千食客。其中有个叫公孙龙的，特别擅长辩论，因此受到了平原君的尊敬并被奉为座上宾。

某日，孔穿（孔子的六世孙）从鲁国远道而来赵国。公孙龙与他进行了一场辩论，主题是奴婢是否有三只耳朵。

公孙龙的辩论技巧确实非常出色，论点如此精辟，以至于孔穿都无法找到反驳的突破口。

第二天，孔穿拜访了平原君。

平原君问他："你觉得公孙龙的辩论技巧如何？"

孔穿说："他的辩论技巧确实非常了不起，几乎让我相信奴婢真的有三只耳朵。但我们都知道，那并不是真实的。我有个问题想问平原君：把人的耳朵辩论成三只，这固然显示了高超的辩论技巧，但这毕竟是假的。那么，您更看重哪种观点呢？是真实而简单的，还是复杂却虚假的？”

平原君一时语塞。

之后，平原君找到公孙龙并提醒他：“你以后不要跟孔穿辩论了。他注重事实和真理，而你则更擅长言辞和技巧。长久下去，你恐怕会处于下风。”

后来，齐国的大学者邹衍途经赵国。平原君又想介绍他和公孙龙认识，并希望一起辩论下“白马非马”。

可没想到，邹衍直接拒绝了。他表示：“在我看来，辩论的目的很简单，把世间万物分门别类，整理得井井有条，一目了然，不让人混淆；把事物的来龙去脉、先后顺序理清楚，别搞得乱七八糟；把事物的内在意义和道理说明白，让人心服口服，不再迷茫。如此，赢得辩论的人能坚守自己的立场，输的人也能明白真理所在。这样的辩论，才算是有价值的。”

“可是，如果辩论变成了用华丽的辞藻来掩饰、用巧妙的比喻来误导人，甚至把黑的说成白的，那就是在歪曲事实、误导人了。争来争去，结果是谁先说没词了谁输，谁最后闭嘴谁赢，实在是有伤君子之道。这种没有意义的辩论，我不愿意参加。”

邹衍的这番话，赢得了在场所有人的掌声，平原君也为之动容。此后，公孙龙在平原君府上的地位逐渐下滑。

**（二）解析**

公孙龙要是活在现代，绝对是个“杠精”。跟这种人说话，三言两语，他就能“噎死”你。

你说抽烟伤身，他会立刻举例，有人一辈子烟不离手，却还能活到八九十岁。你分享一本好书，他会不屑一顾地评论：这么冷门的书，内容能有多好？

这类人，似乎总是热衷于与人对着干。他们自以为能言善辩、见解独到，但其实，在大家眼中，他们除了说话尖酸刻薄，就是戾气太重。

**这种习惯性地唱反调，其实是一种“虚假胜利”。**一次争辩好像赢了，他也非常得意，但也暴露了他的认知程度。

之前看过王蒙的一本小说，讲了一个“雄辩症”患者。无论医生说什么，他都能找到反驳的理由。医生很客气地请他坐到椅子上，他却有点挑衅地问：“我为什么要坐下？你不会是想要剥夺我站立的自由吧？”医生听了并未动怒，只是平和地为他倒了杯水，递给他说：“来，先喝杯水吧。”没想到他并不领情，反而振振有词：“你这话太片面、太荒谬了。不是所有的水都适合饮用。如果你在这水里加了毒药，那我岂不是自寻死路？”医生笑了笑，解释道：“这水很干净，没加任何东西，你尽管放心喝。”但男子似乎并不想放过这个话题，他反驳道：“我又没说你下了毒，你何必解释？难道我还会诬陷你不成？”医生感到有些无奈，想换个轻松点的话题，于是说：“嗯，今天的天气挺好的。”男子却更加激动了：“你这是胡说八道！你这里天气好，不代表全世界都是好天气。比如说北极，现在可能就是狂风暴雪、长夜漫漫、冰山撞击的恶劣天气。”医生实在无法继续与他交流，只好请他离开。

心理学上有个词叫“病理性诡辩”，说的就是这类人。**他们的心理已是病态，需要通过不断反驳他人，来提升自己的存在感和价值感。**

但真相是，这种语欲胜人的行为，层次很低。不仅得不到别人的尊重，反而会让人觉得他浅薄、无知。说白了，他们只是通过这种方式来获取别人的关注，享受那种被众人瞩目的感觉。

**遇到这种人，最好的处理办法就是邹衍那种，不理他。**

每个人的时间都是有限的，不该浪费在这种无聊的人身上。而且，跟他们扯来扯去，也会影响到自己，真正重要的事也就没精力做了。所以，由他去。

叔本华有句话说得很好：“在和别人交谈时，要克制去纠正别人的冲动。”

其实，这不仅仅是一种沟通技巧，更是一种成熟的体现。一个人的成熟，不仅仅体现在年龄上，更体现在言行里。

# 满招损，谦受益

### 周赧王二十九年（乙亥，公元前286年）

宋有雀生于鳒城之陬。

史占之，曰："吉。小而生巨，必霸天下。"

宋康王喜，起兵灭滕，伐薛，东败齐，取五城，南败楚，取地三百里，西败魏军，与齐、魏为敌国，乃愈自信其霸。

#### （一）史料故事

在宋国都城的城墙一角，麻雀窝中孵出了一只小鹰。太史卜了一卦，卦象是大吉之兆。

宋康王欣喜若狂，立即下令出兵，四面出击。先是消灭了小国滕国，紧接着攻打薛国。之后，挥师向东，击败了齐国，占据了五座城池。紧接着，又挥兵南下，进攻楚国，占领了广袤的三百里土地。再向西，挑战魏国，魏军也在他的铁蹄下败退。

宋康王几乎在到处树敌，但屡战屡胜，这使得他信心倍增，对那"小鸟生大鸟"的吉兆更是深信不疑。

为了更快地实现霸业，宋康王做出了惊人的举动——"射天笞地"。别人都是弯弓射大雕，而他则直接射天，仿佛在宣告连天也不及他伟大。接着，他又用长鞭抽打地面，似乎在表明大地也应臣服于他。为了进一步显示他的威武，宋康王甚至下令拆毁自己家族的宗庙，并一把火烧了，以此战胜鬼神。

"战胜"了天地和鬼神后，宋康王便整日宴会，沉溺于酒色之中。他命令侍从高呼"万岁"，堂下的官员和门外的人们也随之呼应。最后，全城的百姓都被迫加入这场“万岁”的呼喊中。

这种狂妄自大的行为，引起了天下人的反感。有人开始称他为“桀宋”，意思是他与夏朝的暴君桀同样的残暴。

齐湣王与楚魏结盟，起兵攻打宋国。宋国的百姓，没有一个愿意为宋康王守城，宋大败。宋康王只得逃往魏国，在温城丧命。

就这样，拥有829年历史的宋国灭亡。

然而，历史在不断重演。齐湣王在成功灭亡宋国之后，自信心极度膨胀，他认为自己才是那个应该称霸天下的人，于是他全面开战，向南进攻楚国，向西侵略韩国、赵国和魏国，甚至准备吞并东周，意图登基成为天子。

有位叫狐咺的臣子勇敢进谏，结果却被斩首。同样地，陈举也因为直言不讳，在东闾遭到了杀害。齐湣王的骄傲和残暴，引发了齐国的动荡。

**（二）解析**

日常生活中，我们总会遇到一些不讲道理却还盛气凌人的人，面对这样的人，我们要调整好自己的心态，尽量减少自己的损失，不与他们争一时的长短。

鱼儿之所以咬钩，是因为美味的鱼饵。人也一样，很容易贪婪。有的人一看到名、利、色这些诱人的东西，就什么也不顾了，全然忘了危险，咬了别人放的钩，跳进别人挖的坑。

成大事者，往往都是善于谋划的高手。放“鱼饵”的策略，其实就是“将欲取之，必先与之”。就比如说，《资治通鉴》开头讲到的智伯索地事件。

智伯仗着智家势力大，强横地向魏宣子索要城池。魏宣子不想给，但谋士任章告诉他：“不妨答应，智伯尝到了甜头，一定会愈发贪婪，四处伸手。继续发展下去，一定会推动其他家族联合起来，一起收拾他。到那时，智伯还能保住性命吗？”

魏宣子听后，深感任章的策略高明，于是答应了智伯的要求，割让了部分领地。后来，事情的发展正如任章预测的那样，智伯因贪婪无度，引来了赵、魏、韩三家的联手反击。结果智伯身死，智家被灭族。魏宣子不仅成功收回了之前让出的土地，还因此获得了更多的领地。

这就是“将欲取之，必先与之”的策略，它的基本原则是：先把自己的目的隐藏起来，再投其所好，给点甜头，让对方钻进陷阱。最后，再联合众人，或借助别人之手将其“除掉”。

回到史料，宋康王的死，确实算死得其所。当时的他，已经疯狂到无所畏惧了，老天爷不放在眼里，宗庙也一把火烧了。打赢了几场仗，就觉得自己天下无敌了？

狂妄，实在是狂妄。后来的齐湣王，也步了他的后尘。与宋康王不同，齐湣王是完完全全被惯出来的。

惯他的人，叫苏秦，当年佩戴六国相印的那位，如今是燕国的间谍，还是死间的那种。

齐强燕弱，燕国若想报仇，除了增强自身实力外，还必须削弱齐国的力量。苏秦就是做这个事的。去了齐国后，先是不断地给齐湣王拍彩虹屁，让他“自我感觉良好”。随后，悄悄让其膨胀，成功实现了“我能行——我很行——我太行了——吾乃天下第一，想干谁就干谁！”的华丽转变。

正是用这招，苏秦削弱了齐国，后来齐湣王被杀，齐国也差点被灭，仅剩两座城。

《尚书》里有句话：“满招损，谦受益。”意思是说，谦虚的人知道自己还有不足，愿意低下头来学习，努力进步，最终能得到很多好处。不管成就有多大，地位有多高，都别摆出一副高高在上的样子。做事的时候，也别总觉得自己最厉害，好像离了自己就不行，这样很容易让人觉得不舒服。

从人际交往的实例看，大家往往都喜欢那些谦虚谨慎的人。要知道人外有人，山外有山，做人要谦虚点，干事要踏实点，这才是对自己负责任的表现。

## 战国王侯们的花样死法：只有你想不到，没有他们做不到

**周赧王三十一年（丁丑，公元前284年）**

燕王悉起兵，以乐毅为上将军。

秦尉斯离帅师与三晋之师会之。赵王以相国印授乐毅，乐毅并将秦、魏、韩、赵之兵以伐齐。

齐湣王悉国中之众以拒之，战于济西，齐师大败。乐毅还秦、韩之师，分魏师以略宋地，部赵师以收河间。身率燕师，长驱逐北。

### （一）史料故事

上篇文章里提到，齐湣王与楚魏结盟，联手瓜分了宋国。

按理来说，接下来该瓜分胜利果实了，三国都很开心。但没想到，齐湣王反悔了。他的想法很简单，齐国在这场战役中居功至伟，凭什么与楚魏两国共享？

于是，齐湣王施展诡计，假意欢送楚军，却暗中偷袭，楚军大败而逃。照着葫芦画瓢，魏军也被偷袭。最终，原本应分给楚、魏两国的土地，被齐国独占。

楚、魏两国对齐湣王的行径愤怒不已，联盟因此瓦解。而齐湣王呢？却还沾沾自喜，自以为聪明过人。

不仅如此，他还不满足。事后不久，齐湣王又向鲁国、邹国和卫国三个小国发出通牒，要求他们臣服于齐国并纳贡。三个小国实力太弱，打又打不过，无奈之下，国君只得屈服。

此时，齐湣王的威风可谓是达到了顶峰。但他的野心仍在膨胀，甚至梦想着有一天能亲率大军灭掉周王室，将国宝九鼎搬回齐国。届时，他便可向天下宣称自己是

“天子”，无人敢不从。

齐国当时还有明白人。孟尝君田文觉得要出大事，于是劝齐湣王收手。结果齐湣王一怒之下，罢免了田文的宰相之职。田文见势不妙，立即逃往魏国，当了魏国的宰相。

齐湣王这下算是清静了，再也听不到任何反对的声音。他每天都精神抖擞、激情澎湃。

物极必反。燕国隐忍多年，终于开始行动了。燕昭王本想靠燕兵单独讨伐齐国，但乐毅表示不可。

他分析道：“齐国，乃是一个大国，齐桓公昔日称霸诸侯的余威仍在，国土面积辽阔，人口众多。若我们孤军奋战，恐怕力不从心。如果大王下定决心征伐齐国，我认为应该联合赵国、楚国和魏国共同出兵。”

燕昭王同意了这个办法，立即派使者去其他五国。

过程很顺利，基本是一拍即合。各国早就忍不了了，纷纷响应结盟形成五国联军，由乐毅统领，共同征伐齐国。联军的阵容相当强大，包括了秦、赵、韩、魏、燕五国的精锐之师。除了韩军主帅稍显逊色外，其他四位主帅都是当世名将。

公元前284年，五国联军在齐国边境集结，燕国更是倾全国之力，将所有能动员的男丁都编入军队，投入战场。

齐湣王得知五国联军攻齐的消息后，亲自率领齐国精锐兵团迎战。当时的他，仍然十分自信，表示要将入侵之敌全部歼灭在边境之外。

然而，理想与现实总是存在差距的。齐军与五国联军一交锋，便迅速溃败，战场上尸横遍野、血流成河。齐湣王见势不妙，抛下残兵败将逃回临淄，并向楚国求救，表示愿意割让齐国南部土地作为酬谢。

此时的齐湣王，已是慌不择路。在了解到齐国精锐尽毁、无力抵抗后，乐毅让秦、韩两国军队先行回国，同时让魏军进攻原宋国之地，赵军则负责扫荡河间附近以扩张疆土。而他自己，则亲率燕国大军，直捣齐国都城临淄。

燕国军队所向披靡，齐湣王只得带着数十位忠心臣僚趁夜逃离。齐湣王逃亡的第一站，是卫国。

难以理解的是，即便是在落魄之际，他还在摆谱。齐湣王来了，卫国国君给他安排住所，态度十分恭敬。结果呢？

齐湣王十分傲慢，对人家呼来喝去，一点也不尊重。卫国的臣子们看不下去了，十分愤怒。你齐湣王性命都难保，逃命来我们这里，竟然还如此嚣张？

于是，在某天深夜，一群神秘人洗劫了齐湣王的行李和珠宝。齐湣王恼羞成怒，打算在卫国国君觐见他时，勒令其早日破案。

**但是，现实给了他一记响亮的耳光：卫国国君不但拒绝见他，还断绝了给他的所有供给。**

无奈之下，齐湣王只好继续逃亡，下一站是鲁国。

鲁国国君听说了齐湣王在卫国的所作所为后，决定先派使节去打探情况。对鲁国使节，齐湣王的态度依然傲慢无礼。

结果可想而知，鲁国国君下令闭关，拒绝了他的入境请求。齐湣王走投无路，只好将希望寄托在下一个国家——邹国。

此时，邹国国君刚刚去世。

齐湣王得知后，传出话来，自己要以“天子”之尊亲自祭吊。新君听到这话，直接请他另寻别处，展示自己的“天子”威风。

就这样，齐湣王在逃亡的路上，浑浑噩噩地度过了一个月左右的时间。在这一段时间里，齐国除了莒城和即墨外，其他地方都落入了燕国之手。齐湣王没办法，只能逃到了莒城，期待楚国的救援。

乐毅率军攻破了临淄。所有的金银财宝，包括二十八年前被齐军抢来的燕国旧物，都被运回了燕国。

这时候，楚国的援军终于来了。大将淖齿奉楚顷襄王之命，率领二十万精兵前来救援。齐湣王喜出望外，任命淖齿为齐国宰相，希望利用楚军将他送回都城临淄，继续做他的齐国之君。

不过，淖齿心中却早有打算。他觉得自己不能与燕国军队对抗，因为一旦打输，不但在齐国无法立足，回到楚国也可能被砍头。于是，他把齐湣王卖了，与乐毅达成协议：由淖齿杀掉齐湣王，然后由燕楚两国瓜分齐国。

公元前284年的某一天，齐湣王迎来了自己的末日。

淖齿集结部队，谎称请齐湣王阅兵。齐湣王一到，齐国的禁卫军和侍从就被控制住了，而齐湣王也被淖齿结结实实地捆住、跪在了地上。

淖齿大声呵斥齐湣王：“天下血雨是老天爷警告你，土地塌陷是土地神警告你，宫门哭泣是百姓警告你！可你还是一意孤行，不知悔改！怎么还配活在这个世界上？！”

**呵斥完之后，淖齿便命人把齐湣王悬挂到阅兵台的屋梁上，将其折磨致死。**

可怜这个不可一世又愚蠢至极的齐湣王，这时候只剩下发出一声声凄厉惨叫的权利了。他哀求淖齿，给他一刀来个痛快，但淖齿拒绝了。最终，齐湣王凄惨地叫了三天三夜之后，才终于气绝身亡。

**（二）解析**

齐湣王被折磨致死，教训很深刻。

上篇文章里，我们重点分析了他的“狂”，这篇从另一个角度分析。**除了“狂”之外，“毫无信义”也是他自取灭亡的关键。**

与楚魏结盟，一起打下了宋国，结果一口都不让人家吃。不仅如此，还背后打黑枪，你不挨揍谁挨揍呢？

这就像老板招你干项目，说好项目干完了分红十万。结果项目干完了，老板不干了。他义正词严地告诉你，项目之所以能干成功，都是因为他英明的领导，跟你没关系。所以，十万分红是没有的。另外，因为干活期间，你吃了公司的饭，喝了公司的水，还要付给老板一万块。有这样的老板，公司不倒闭才怪！

做人，还是要有理想，要讲信义。

**其实，无论是开创事业还是追求梦想，真正的驱动力往往源于内心的理想主义，而非眼前的实用主义。**

只有那些立足于理想的事业，才能历经风雨，长久不衰。

所谓“义”，其实就是内心深处的那份理想，它是全天下人共同的追求。而“信”，则是通往理想的道路。如果一位君王具备了“信”，那他的子民自然会跟随他，共同走在追求理想的康庄大道上。

**进一步来说，任何一个组织——无论是国家、公司，还是家庭——都需要有一个理想主义的蓝图来引领方向。**

这个蓝图，就是我们远大的目标，它充满着理想主义色彩，始终在前方照亮我们的道路。同时，为了实现这个大目标，我们还需要设定一系列小而实际的目标，制定这些目标需要遵循SMART原则，即具体、可衡量、可达成、相关性和时限性。

仰望星空的同时，又能做到脚踏实地，事情自然便会水到渠成。

## 对自己不可控的人和事，不要有任何期待

**周赧王三十六年（壬午，公元前279年）**

乐毅围二邑，期年不克，及令解围，各去城九里而为垒，令曰："城中民出者勿获，困者赈之，使即旧业，以镇新民。"

三年而犹未下。

或谗之于燕昭王曰："乐毅智谋过人，伐齐，呼吸之间克七十余城。今不下者两城耳，非其力不能拔，所以三年不攻者，欲久仗兵威以服齐人，南面而王耳。今齐人已服，所以未发者，以其妻子在燕故也。且齐多美女，又将忘其妻子。愿王图之！"

### （一）史料故事

乐毅围攻最后两座城池，经过一年，仍未能攻克。于是，他解除包围，并在离城九里的地方扎营，采取怀柔策略。

乐毅下令："从城里出来的居民，不得随意抓捕。对于那些生活困难的，要给予一定的救助，帮助他们重拾旧业，这样可以更好地安抚那些新归附的民众。"

然而又过去三年，那两座城池依然没被拿下。

整整三年，乐毅没有继续围攻，也没有进一步的军事行动，这在燕国内部引起了一些疑虑。有人向燕昭王进谗言："乐毅的智谋出众，他攻打齐国时，短短半年就拿下了七十多座城池。现在，两座城却迟迟攻不下。这并不是因为乐毅能力不足，而是因为他在故意拖延时间，他是想要借助兵威来使齐人屈服。等到齐人习惯了他的威严，他就会自立为齐王。现在，齐人已经差不多屈服了，他之所以还没有行动，可能是因为他的妻儿还在燕国。但齐国美女如云，恐怕再过一段时间，他就会忘记燕国的

妻儿。大王，您得想办法应对呀！”

燕昭王听后，召集群臣，在众多大臣面前批评那位臣子：“先王以礼贤下士的态度治理国家，甚至愿意将国家交给子之，他并不是为了将土地传给子孙，而是因为子之品德高尚，能够担当此重任。然而，子之才德浅薄，无法承担这个重任，国人不服，从而引发了内乱。齐国则趁我国内乱，害死了先王。我自从继位以来，对此一直深感痛心，所以我广泛招揽群臣，对外招募宾客，只为报仇。如果有人能帮我报这个大仇，我愿意与他共享燕国！

现在，乐先生已经帮我打败了齐国，摧毁了他们的宗庙，让我得以报仇。按理来说，齐国本就应该是乐先生的，而非燕国的。如果乐先生能拥有齐国，与燕国并肩成为列国之一，共同抵抗其他诸侯的侵略，这将是燕国的福气，也是我的心愿。你怎么能这样说乐先生的坏话呢！”

说完，便下令将此人斩首。同时，燕昭王还赐予乐毅的妻子王后之服，赐予乐毅的儿子公子之服，又按照诸侯国王的规格，为他们配置了车马和护卫车队。

不仅如此，燕昭王还特地派了宰相护送乐毅的家人到齐国，并提议立乐毅为齐王。乐毅惶恐，上书以死拒绝。

齐国人听后，更佩服他的高尚品格，诸侯也畏惧他的威信，没人再敢谋害他了。

**（二）解析**

燕昭王的这手操作，实在是精妙。下面，我们一起来分析下。

首先，分析下昭王面临的问题。很多人第一反应，估计是乐毅会不会反？

这个问题的答案有两个，反或是不反。两个答案，都不重要。

燕国所有的精锐都被乐毅统率着，反或不反的主动权，在乐毅手里，燕昭王说了不算。

**对自己不可控的人和事，最好不要有任何期待。**燕昭王很清楚这点，他唯一能控制的事，就是止盈。

乐毅攻下了齐国七十二城，这些城池很诱人，但只是浮盈，并未实际拿在燕昭王手上。所以，燕昭王当下迫切要做的事，是落袋为安。

**乐毅要反是利空消息，要在利空变为现实前，及时切割。**如何做呢？

**选择一：撤回乐毅**

君臣必定嫌隙，而且可能刺激到乐毅，直接将他逼反。另外，如果换个人去，齐地也不一定能保住。不管怎么看，都是弊大于利。

**选择二：助推乐毅成齐王**

结果有两个，无论是哪个，燕昭王都不亏。

1.乐毅接受封王。

如此，燕国就会失去对齐地的控制。

但这在燕昭王看来，或许并非坏事。燕昭王早已在济西之战后，便完成了他的心愿，对于称霸或一统天下，并无太大野心。

现在燕国所控制的齐地，其实都得益于乐毅的功劳。而且齐地民众的心，真正归属的并非燕国或燕昭王，而是乐毅。正是因为有乐毅的镇守，燕国所占的齐国领土才得以安宁。换个人去，镇不住。

除此之外，太子与乐毅之间的关系并不融洽，自己去世后，两人很可能发生冲突，导致齐地丢失。

所以，与其未来止损丢掉，不如现在就以一种和平、体面的方式放弃齐地。这样也能让乐毅感恩戴德，两国保持和平。

2.乐毅拒绝受封。

这是最好的答案，不仅稳住了齐地，也能让乐毅对自己更加感激。另外，也能让太子知道乐毅并无野心，以缓和两人的关系。

两个选择，不论是哪种燕昭王都不亏。乐毅会怎么选呢?

他坚决推辞。乐毅是个明白人，他很清楚，自己的一切后勤都来自燕国，称王会导致人心不服。况且齐地不稳，即便是自己当了王，也控制不住。

由此，燕昭王暂时解决了这个问题。但不幸的是，出了一个变故。

公元前279年，燕昭王去世，太子继位。这位太子的政治手段，明显不如其父燕昭王。后来，轻而易举地听信谗言，撤下乐毅，使得伐齐大计毁于一旦，燕国全部精锐，奋战多年，最终竹篮打水一场空。可悲!

## 结束一段关系最体面的方式，就这八个字

**周赧王三十六年（壬午，公元前279年）**

赵王封乐毅于观津，尊宠之，以警动于燕、齐。

燕惠王乃使人让乐毅，且谢之曰："将军过听，以与寡人有隙，遂捐燕归赵。将军自为计则可矣，而亦何以报先王之所以遇将军之意乎？"

**（一）史料故事**

公元前279年，燕昭王去世，太子继位。

继任的燕惠王上了田单的反间计，撤了乐毅，换成骑劫为主帅。可没想到，骑劫实力太差，被田单用火牛阵打败，七十二座城池全部丢失。

乐毅离开后，害怕被燕惠王处死，便逃到了赵国。赵王在观津给了他一块封地，并且非常敬重他，希望借此来牵制燕国和齐国。后来，燕惠王派人去责备乐毅，质问他："将军你因为听信了一些谣言，就以为和我有矛盾，然后抛弃燕国投奔了赵国。你为了自身利益这样做，虽然也可以理解，但你怎么对得起先王对你的知遇之恩呢？"

乐毅在回信中说道："想当初，伍子胥辅佐吴王阖闾时，阖闾对他言听计从，所以他们能够一路攻打楚国，直至占领楚国的都城郢城。但当夫差继位后，情况就变了。尽管伍子胥多次忠告，夫差却充耳不闻，反而因为听信谗言将他赐死。更可悲的是，伍子胥死后连安葬的机会都没有，他的尸体被装进一个革囊，沉到江底去喂鱼。

吴王当时并没能意识到，如果听了伍子胥的话，他可能会有更大的成就。而因为没听，最后落得身死国灭，即便如此，他也没后悔过杀死伍子胥。至于伍子胥，他也

没能及早察觉到新君主与先君的不同，所以直到临死，他也不知道自己应该调整策略。而臣，首要考虑的是确保自身安全，为国家建功立业，以及弘扬先王的英明，这是臣认为的上策。臣不想因为被离间、被诽谤而遭遇不测，更不想因此损害了先王的英名。所以臣选择了离开。

现在臣身在赵国，但请大王放心，臣绝对不会利用赵国的资源去做任何有损道义、对燕国不利的事情。臣听说：‘古之君子，交绝不出恶声；忠臣去国，不洁其名’，臣虽然没什么才华，但也希望遵从古代贤人的教诲，努力成为一个君子。请大王您放心！”

看到回复后，燕王安心了，封乐毅的儿子乐闲为昌国君。乐毅也与燕国经常走动，最终在赵国去世，被尊称为“望诸君”。

**（二）解析**

乐毅说的“古之君子，交绝不出恶声；忠臣去国，不洁其名”，很值得我们思考。

“君子交绝，不出恶声”，这种修养很难得。两个好朋友或者合作伙伴，一旦翻脸，很容易就会互相揭短、说坏话。但真正的君子，即使关系破裂，也不会恶语相向。君子都懂得彼此尊重，互相抬轿子，一起提高；而那些小人，只会互相拆台，最后谁也别想好过。

从利益的角度讲，拆台的人一般都很弱，没什么实力。很多时候，翻脸的原因，是因为共事时的贡献和利益分配不均。分手，往往是因为其中一方能从分手中获得更多的好处。

一般来说，那些在分手后大肆诋毁对方的人，往往是在分手中受损的一方。这其实也说明，他们的利益在很大程度上是依赖于对方的。而那些分手后得利的人，他们更多的是依靠自己的能力和本事，所以他们通常不会过多地说对方的坏话，因为分手是他们主动提出的。

就像燕惠王和乐毅，因为猜忌，最终导致了双输的局面。乐毅失去了裂土封侯的机会，而燕惠王也失去了已经兼并的齐国，一切又回到原点。如何避免类似的困境呢？

**最好的办法，就是随时调整利益的分配。**当你愿意把利益分享给他人时，你就会更加安全。对别人，可给可不给的，尽量给予；对自己，可要可不要的，最好不要。

如果你总是想着以最小的代价，去换取别人的最大支持，紧紧地把利益抓在自己手里，那建议，做好失去一切的准备。

很多人做不到这一点，他们在关系破裂后，会四处找人倾诉，希望得到同情。但真实的情况是，你以为朋友们会和你站在同一条战线上，其实他们只是出于礼貌附和而已。

真正关心你们之间是非曲直的人，并不多。有点讽刺的是，你倾诉的对象，可能和你的关系还不如翻脸的朋友亲密。

就结果来看，大家最后如何评价这件事，往往取决于某方的实力。简而言之，就是谁成功大家支持谁。成王败寇，就是这个道理。

再说说“忠臣去国，不洁其名”。

这句话，可能没有前一句那么出名，但它的要求其实更高，也更体现了乐毅的为人厚道。什么是真正的忠臣呢?

即使被列了罪名，被解雇了，他也不会说前老板的坏话。他会选择承担一切罪名，老板说是什么错，那就是什么错。

这种态度，在现在的招聘过程中也经常能遇到。人事经理很喜欢问一个问题，为什么要离开之前的公司？部分人会脱口而出，说前公司不行，老板对不起自己。听到这个回答，人事经理的印象一般都不会好。

道理也很简单，谁会喜欢一个抱怨者呢？即便是你真的有理，在别人看来，也是小气量，不好相处。

所以，综合上面的分析来看，结束一段关系最好的方式，就八个字：不出恶声，不洁其名。

## 走上管理岗，一定要学会顺水推舟

**周赧王三十六年（壬午，公元前279年）**

田单相齐，过淄水，有老人涉淄而寒，出水不能行。

田单解其裘而衣之。襄王恶之，曰："田单之施于人，将以取我国乎？不早图，恐后之变也。"

左右顾无人，岩下有贯珠者，襄王呼而问之曰："汝闻吾言乎？"对曰："闻之。"

王曰："汝以为何如？"

对曰："王不如因以为己善。王嘉单之善，下令曰：'寡人忧民之饥也，单收而食之；寡人忧民之寒也，单解裘而衣之；寡人忧劳百姓，而单亦忧之，称寡人之意。'单有是善而王嘉之，单之善亦王之善也。"

王曰："善。"乃赐单牛酒。

**（一）史料故事**

田单复国后，被齐襄王任命为宰相。

某年冬天，田单在过河时，看到一位老汉涉水而过。

天气当时正冷，老汉上岸后几乎要冻僵，于是田单便把自己的皮袍送给了他。

齐襄王听说此事后，大为反感："田单做这件事目的不单纯，明显想夺取王位，我如果不早下手，怕要被他夺位。"

思索间，齐襄王抬头，看到了一个给珍珠穿线的工匠，于是问他："听到我说的话了没有？"

工匠："听到了。"齐襄王问："你有什么意见？"

工匠："我认为杀人不是办法，最好的办法是将田单的功劳，变成大王的威望。"

齐襄王脑袋有点转不过来，田单做的好事，跟自己有什么关系？

看大王有点迷惑，工匠继续说道："大王可以顺水推舟，下令对田单表示嘉奖，说我担心百姓饥饿，田单供给他们粮食；我担心百姓寒冷，田单把皮袍送给老人；我不忘百姓疾苦，田单也不忘百姓疾苦，我高兴田单明白我的意思。田单做了好事，而你嘉奖他，就可以把他的善行变成你的善行。"

齐襄王忍不住鼓掌，"妙哉"。于是，齐襄王赏赐给田单丰盛的筵席，但仅此还不够，知道的人还不多。

这位工匠又向齐襄王提建议："等到朝会时，你最好把田单喊到跟前，向他行礼致谢，书面慰劳，吩咐他继续深入民间，为百姓解决疾苦。"

齐襄王觉得不错，照办。

如此操作后，百姓对田单的态度果然有了转变，纷纷议论道："田单对百姓这么好，原来是大王吩咐的。"

**（二）解析**

这段材料看似简单，但对于主人公田单来说，充满了杀机。

当然，危险的不只是田单，还有那个听到齐襄王说话的匠人。而且从危险程度来讲，匠人要更凶险，当时他已经站在了鬼门关前。如果回答不好，他要死在田单前面。

**道理很简单，因为齐襄王既已动了杀机，必然会封锁消息，堵上所有不保险的嘴。**

幸运的是，齐襄王问了问他的建议。在短短0.1秒的时间里，匠人的大脑急速运转。如果他承认自己听到了秘密，恐怕难逃被杀；而如果说自己没听到，齐王肯定不会相信。怎么办呢？

**匠人突然意识到，之前的所有考量，都是建立在齐王和田单对立的基础上，但这个前提真的成立吗？他们真的是势不两立吗？**

田单虽然因为善举而深得民心，但这并不意味着他就与齐王站在了对立面。如果能让田单成为齐王行善的代言人，将田单从民众瞩目的焦点，转变为连接齐王与民众的桥梁，那么双方的关系，或许能从对立转变为共赢。

于是，思维活跃的匠人，成功将死棋下成活棋。不但保住了自己的命，也救了田单。

匠人的办法。其实并不高深，说白了就是顺水推舟。

**第一步，将田单所做的每一件“好人好事”，都归功于齐襄王的授意。**

这样一来，田单的善行，似乎都是在齐襄王的指导下完成的。换句话说，田单只是在执行齐襄王的命令，而真正的善意之源，却是齐襄王。悄无声息地，便将群众对田单的崇敬与好感，巧妙地“引流”到了齐襄王的身上。

**第二步，通过嘉奖进行宣传，放大自己的形象。**

隆重地对田单进行奖励，通过众口相传，让大家都知道此事。

群众也乐得传播，因为齐襄王命田单继续做“好人好事”，他们都是受益者。如此一来，齐襄王悄无声息地将群众拉到了自己一边，大家自然会对他感恩戴德。至于田单嘛，大家也感激，但他就是个办事的。

这办法高明的一点在于，如果做得好，大家夸奖齐襄王，如果没做好，那么田单背锅。

官方的政策很好，但没落实下来，民众一定抱怨办事员，而不会责备上面的政策制定者，就是这个道理。

这两步策略的实施，效果显著。民众纷纷赞叹：“田单之所以爱人，原来都是受了王的教诲啊！”

这个案例有什么价值呢？从两个方面来看。

对于管理者来说，即便下属才华出众，只要能够妥善运用他们的能力，就能转化为自身的助力。即便遇到下属功勋卓著，甚至盖过了自己，也可以借鉴匠人的策略，巧妙地将功劳和威望归于自身。

而对于普通人来说，这个案例的启示也很深刻。在工作中保持低调，明确自己的位置至关重要。

# 第六章

# 秦国东出，跑是一种能力，知道往哪跑更是一种能力

## 越是在关键时刻，越需要独立思考

**周赧王三十六年（壬午，公元前279年）**

田单任貂勃于王。

王有所幸臣九人，欲伤安平君，相与语于王曰：“燕之伐齐之时，楚王使将军将万人而佐齐。今国已定而社稷已安矣，何不使使者谢于楚王？”

王曰：“左右孰可？”九人之属曰：“貂勃可。”

貂勃使楚，楚王受而觞之，数月不反。

### （一）史料故事

田单向齐襄王推荐了貂勃。

此时，齐襄王身边的九个得宠的大臣，心里很不爽田单，便联起手来给齐襄王谏言：“大王，想当年燕国攻打齐国的时候，楚王可是仗义出手，派了一万大军来救援。现在国家安稳了，我们应该好好感谢楚王！”

齐襄王点头称是：“确实应该，那谁去合适呢？”九个大臣异口同声：“貂勃去最好！”

于是，貂勃就被派去楚国表达谢意了。

楚王见到貂勃很高兴，好吃好喝地招待，结果貂勃一待就是几个月。

九个大臣看准时机，跑到齐襄王那儿煽风点火：“大王，楚王可是万乘之君，他怎么可能对一个小小的貂勃这么客气？还不都是看貂勃是田单的人！现在田单在齐国，简直快跟大王您平起平坐了。他安抚百姓，勾结外国，还到处结交能人异士，这明显是想造反！大王您要小心点！”

齐襄王觉得很有道理，于是便突然召见田单。

田单一听召唤，知道没好事。他战战兢兢地去见齐襄王，帽子也不敢戴，衣服也不敢多穿，鞋也没穿，光着脚就进去了。退出来的时候，还自己请罪。

齐襄王也没明确表态，过了五天才慢悠悠地说："你没错，以后我们君臣，各自守好本分就行了。"

貂勃从楚国回来后，齐襄王为他接风洗尘，酒过三巡之后，齐襄王又想摆谱："叫田单来见我！"

貂勃一听就急了，马上跪下磕头说："大王，您觉得自己跟周文王比如何？"齐襄王摇头说："我比不上。"

貂勃又问："那跟齐桓公比呢？"齐襄王还是摇头："那也比不上。"

貂勃说："我知道您比不上他们。当年周文王得到了姜子牙，尊他为太公；齐桓公得到了管仲，尊他为仲父。您得到了安平君田单，却直呼其名，这不是好兆头啊！从古至今，有哪个臣子的功劳能比得上安平君（也就是田单）的？

当初燕国打过来，大王您逃到了城阳山里，是安平君靠着即墨那么点儿地方，带着七千残兵败将，硬是斩了燕国的统帅，收复了齐国的千里江山。那时候他要是想自立为王，谁又能拦得住他？

可他没这么做，还是一心一意地辅佐您。现在国家安定了，您却直呼其名，这怎么行呢！我恳请您赶快把那九个臣子给杀了，给安平君道歉。不然，齐国危矣！"

齐襄王恍然大悟，立马把那九个大臣给杀了，流放了他们的家人，又把夜邑的一万户人家加封给了田单。

**（二）解析**

齐襄王的性格很明显，用现在流行的话来说，就是"耳根子特软"。

这类人有个特点，不论是谁，只要对他说话，他总能听得进去。你说东，他觉得有理；别人说西，他也说对。

**这种性格的人，做选择总会摇摆不定。他的决定，往往取决于最后一个给建议的人。**如果酒宴过后，九个大臣再给齐襄王建议，他很大可能会变卦。

所以这么看，貂勃就很聪敏，直接建议齐襄王处死这九人，以绝后患。齐襄王对貂勃是信任的，他采纳了貂勃的建议。这样一来，剧情就没办法再反转。

其实，与齐襄王类似的人，现在也有很多。没有主见，人云亦云，有时候甚至连自己的观点都没有。遗憾的是，这是大部分人的常态。背后，有三方面的原因。

**第一个原因，教育方面。**

哈佛大学有一句名言："教育的真正目的，就是让人不断地提出问题、思考问题。"

但是，我们很多人从小学到大学，一直在为了那个分数而奋斗，却很少有时间停下来思考这些知识背后的意义。

没办法，课程太多了，没时间也没有精力。再者，有那个思考的时间，也不如背标准答案来得快。

**第二个原因，家庭环境的影响。**

在我们成长的过程中，父母的话，往往被视为金科玉律。他们说孩子"要听话"，于是，我们习惯了顺从，习惯了接受。

在这种环境下长大的我们，很容易形成对权威的盲目信服。那些与别人不同的孩子，总是会被视为"叛逆"。所以，为了得到认可，大家潜移默化地都选择了听话。

听话的代价，就是对"权威"的崇拜。对他们说的话，不假思索地认可。但这种过度的信服，对自己的发展不利。道理很简单，我们不是标准化的工厂产品，而是活生生的人。

回顾历史，真正有所成就的人，都敢于挑战权威。伽利略挑战亚里士多德，哥白尼挑战托勒密，爱因斯坦挑战牛顿。正是对绝对权威的质疑，成就了他们。

**第三个原因，是人的天性使然。**

我们都有趋利避害、逃避痛苦的本能。

思考问题、形成自己的观点是一件费脑、费精力的事情。与其费尽心思去思考，不如直接接受别人的观点来得轻松。于是，我们变得越来越懒惰，越来越不愿意动脑子。如果能坐在沙发上，喝着冷饮、吹着空调看电影，谁会愿意去看一本枯燥的《资本论》呢？

趋利避害，天性使然。我们能怎么办呢？办法也是有的。

**1.养成深度阅读的习惯**

碎片化阅读的年代，我们看东西很碎，看了马上就忘了。而且看的东西大部分都是快餐，只满足了当时的好奇心，没什么实质内容。

因此，我们需要静下心来，去看看那些经典。深度阅读，不仅能够拓宽我们的视野，还能让我们学会如何思考、如何形成自己的观点。

**2.积累素材**

在阅读的过程中，可以有意识地摘抄那些触动你的句子、引人深思的观点。这些素材，不仅能够帮助我们更好地理解文章的内容，还能激发我们的思考欲望。

**3.独立思考**

每当遇到问题时，不要急于求助于网络或他人。给自己一些时间，去深入思考、形成自己的看法。即使这个看法可能并不成熟、并不完美，但它是我们自己的思考成果，是我们独立的见解。

**4.参考借鉴**

有了自己的想法后，再去看看别人的意见。查缺补漏，让自己的想法成长，而不是直接移植别人的成果。

尝试去系统地建立自己的三观，认识自己，认识生命，认识这个世界。当有了问题，多问为什么。即使这个过程很痛苦，也要咬牙迎接，只有这样，你才能真正意义上地独立解决问题，从而拥有自己的观点。

希望有朝一日，你也能成为观点独到，能够影响这个世界的人。《你当像鸟飞往你的山》里有一段话写得很好，送给大家："即使在十七岁之前从未上过学，即使被原生家庭灌输了如此多的刻板观念，被束缚、被压制到尘埃里，一个人仍然可能通过教育和努力，获得完全意义上的新生。"

## 低级说服用道理，中级说服用南墙，高级说服这样做！

**周赧王四十二年（戊子，公元前273年）**

赵人、魏人伐韩华阳。韩人告急于秦，秦王弗救。韩相国谓陈筮曰："事急矣！愿公虽病，为一宿之行。"

陈筮如秦，见穰侯。穰侯曰："事急乎？故使公来。"

陈筮曰："未急也。"穰侯怒曰："何也？"

陈筮曰："彼韩急，则将变而他从。以未急，故复来耳。"穰侯曰："请发兵矣。"

乃与武安君及客卿胡阳救韩，八日而至。败魏军于华阳之下，走芒卯，虏三将，斩首十三万。武安君又与赵将贾偃战，沉其卒二万人于河。

**（一）史料故事**

赵国和魏国组成联军，围攻韩国的华阳城。

面对强大的敌军，韩国力不从心，急忙向秦国求援。但是，秦王并不愿意出兵。

韩国的宰相心急如焚，对陈筮说："现在形势十万火急，尽管您身体不适，但还是得劳烦您亲自跑一趟秦国求援。"

陈筮前往秦国，求见了穰侯魏冉。魏冉看着他，语气中带着一丝惊讶："情况已经如此紧急了吗？竟然需要你老人家亲自出马？"

陈筮却显得异常镇定，回答说："其实并不急，不必过于担心。"穰侯闻言大怒："如果情况不急，你为何还要来找我？"

陈筮解释道："如果韩国真的到了危急存亡的关头，我们早就投降，并与赵、魏两国结盟了。正因为情况还未到不可挽回的地步，我们认为还可以继续打，所以才来寻求您的帮助。”

穰侯的态度立刻转变：“我们即刻发兵救援！”于是，派遣武安君白起和客卿胡阳，率领大军前往韩国。

白起行动迅速，仅用八天就抵达了华阳城下。魏军大败，三名魏将被俘，赵、魏联军有十三万人被斩首。随后，白起又与赵国的将领贾偃交战，将两万赵军逼入绝境，将他们逼入黄河，葬身鱼腹。

**（二）解析**

**为什么一开始韩国向秦国求救，秦国无动于衷?**

其实，秦王的决策是对的。韩国对赵魏联军，无论胜负怎样，结果对秦国都有利。所以，从秦国的利益来说，确实不该立刻出兵。

当然，还有另一个现实问题。

如果韩国一求救，秦国就出兵，岂不是直接让秦国为韩国挡刀?因此，最好的办法就是先让韩魏赵混战，消耗彼此的力量，等都疲乏的时候，秦国再出兵，坐收渔翁之利。要等到什么时机呢?

陈筮的出面，就是最好的时机。当时韩国已经乱成一团，丞相实在是没有办法，这才请求还在养病的陈筮出面。面见魏冉后，陈筮也是能言善辩，简单几句话就说动了他。

很多人看这段材料，都只看到了陈筮的说服术。的确，陈筮直接指出了核心，若韩国败，必然导向赵魏，秦国将失去一位盟友。

从秦国的角度去分析，出兵利大于弊。然后，就轻松说服了魏冉。实际的情况，更可能是魏冉顺水推舟。

原因我们上面说过，秦国也在等一个坐收渔翁之利的时机。双方一拍即合，或许这才是真相。

所以，不管来的是谁，秦国都会出兵。证据就是白起的八天奇袭。

从秦国咸阳到韩国华阳，大约是五百公里的距离，也就是一千里。这是直线距离，实际的行军，自然还要绕弯，穿过崇山峻岭、江河湖泊。如果正常行军的话，秦军至少需要一个月，才能赶到战场。然而，白起仅用了八天。

能实现如此壮举，秦军的素质是其一，但其二肯定是粮草军械已经提前准备齐全，只待下令行军。

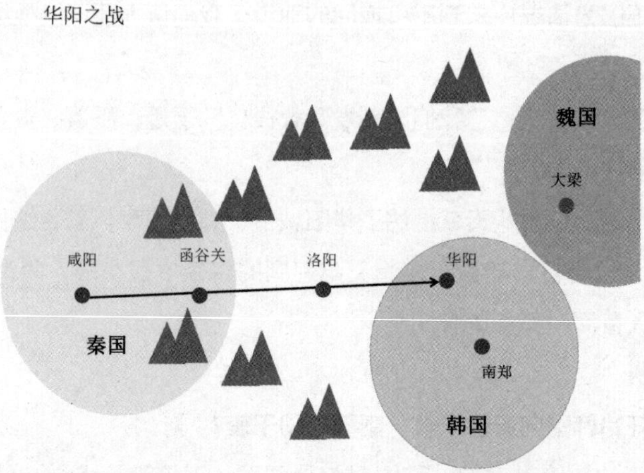


另值得一提的是，白起此战的战绩也确实辉煌。华阳之战，魏国、赵国一共损失了十五万精锐力量。除此之外，魏国也是吓破了胆，直接将南阳之地献给了秦国，以求“杀神”白起退军。

**写在最后：**

**用道理说服人，是最简单的方式。**

即便你说得再有理，对方也不见得会听。因为每个人都有自己的价值观，嘴上表示同意，但其实心里还是不屑一顾。而这，你是看不出来的。看起来你说服成功了，实际没有。

**再高级一点的说服方式，是南墙。**

很多人就是这样，非要自己去验证无数人已验证过的坑，才肯放弃。不撞南墙不回头，非要没有办法了，才愿意听劝。这种情况下，其实也没有说服成功。

**最高级的劝说，是给对方一个理由。**

道理他心里很清楚，之所以没有去做，是因为还在犹豫，或者是没有契机。而你作为说服者，就是让对方卸下负担。这就好比你给对方送礼。对方心里清楚，拿了你的好处就会手短，如果以后你有求于他，他就会处于被动的地位。

但如果你给对方一个合理的理由，比如这次送礼是为了感谢他之前的帮助，或者说这是专门给老人或孩子准备的。

这样一说，对方的抗拒心理，立马就会减弱很多。从心理学的角度讲，人们行为的改变，通常都需要一个理由来自我说服。

**这个理由具体是什么，其实并不那么重要，关键在于要有一个理由。**

## 高手的基本素质："会装"

**周赧王四十五年（辛卯，公元前270年）**

秦伐赵，围阏与。

赵王召廉颇、乐乘而问之曰："可救否？"皆曰："道远险狭，难救。"

问赵奢，赵奢对曰："道远险狭，譬犹两鼠斗于穴中，将勇者胜。"

王乃令赵奢将兵救之。

### （一）史料故事

秦军进攻赵国，包围了阏与。

赵王问廉颇与乐乘："我们能否出兵救援？"两人异口同声地回应："路既遥远又狭窄难行，恐怕难以实施救援。"

赵王又问赵奢的意见。赵奢答道："狭路相逢勇者胜。路虽远且艰险，但这就好比两只老鼠在洞穴中搏斗，谁更有勇气，谁就能在狭窄的路上取得胜利。"因此，赵王委派赵奢领兵救援。

赵奢率领大军出发，但当离开邯郸仅仅三十里后，便下令扎营。扎营后，更是下达严令："有敢言军事者斩！"

与此同时，秦军在武安城西驻扎，浩大的声势令城中屋瓦都为之震动。

赵军中，一名军吏冒险提议，应该尽快前往武安救援。赵奢将他斩首示众，以示军令如山。之后的十八天里，赵奢的军队始终坚守营地，不断加强防御工事，没有任何进攻的意图。

秦军为了打探虚实，派出一名间谍潜入赵军。赵奢明知其身份，却仍然盛情款待并送他离开，仿佛完全没有出兵的打算。

间谍回报给秦将，秦将闻讯大喜，“援军离开国都三十里就不走了，还修筑防御工事，阏与城不是赵国的了”。然而，间谍刚一离开，赵奢立刻命令全军急行军，仅用了一天一夜就抵达了距离阏与五十里的地方，并修筑防御工事。

秦军得知此消息，十分愤怒，下令全军出击。

此时，一个名叫许历的军士前来向赵奢献策：“秦军未料到我们会迅速到达此地，他们必定既惊愕又愤怒。我们应该加强战阵的纵深，否则很容易被他们冲散，从而失败。”

赵奢欣然接受并感谢他提供的建议。许历请求受罚。

赵奢解释说：“之前的军令是在邯郸发布的，现在已经不再适用。”

许历又建议：“先占领北山的一方将会获胜。”赵奢同意并立即派兵占领北山。

秦军随后赶到，但为时已晚，无法攻占北山。赵奢趁机发动攻击，秦军大败，阏与之围因此得以解除。

战后，赵王对赵奢大加赞赏，封他为马服君，与廉颇、蔺相如平级，许历也被封为国尉。

**（二）解析**

赵奢，战国八大名将之一。在赵武灵王、赵惠文王以及赵孝成王的统治时期，赵奢活跃于赵国，享年大约六十多岁。

由于他多次立下显赫的战功，赵惠文王特别封他为“马服君”。因此，他的儿子赵括被人们亲切地称为“马服子”。值得一提的是，当赵国走向衰败后，赵奢的子孙们选择以“马服”作为他们的姓氏，后来简化为“马”，这也成了马姓的一个重要来源。

起初，赵奢在赵国担任的是田部吏官，主要职责是征收农田租税。有一次，平原君赵胜府上拒缴税款，赵奢直接抓了九人，将其处死。赵胜得知后大怒，派人逮捕了赵奢，打算严惩。

赵奢不惧，反而问赵胜：“您在赵国是贵公子，如果您纵容自己府上之人不奉公守法，那法律的尊严就没有了。法律被削弱了，国家就被削弱了；国家弱了，其他诸侯国的军队就打过来了，那赵国就没了；赵国没了，您的富贵在哪儿呢？以您的尊贵地位，您奉公守法，则上下公平；上下公平，则国家强大；国家强大，则赵氏江山永固；赵氏江山永固，您是王孙贵戚，您在天下的分量还能轻了吗？”

平原君听完，深感其言之有理，不仅赦免了赵奢，还亲自将他推荐给赵惠文王。

赵惠文王让他管理全国的赋税。据《资治通鉴》记载，在赵奢的治理下，“赵国赋大平，民富而府库实”。

后来，赵奢被拜为将军，遇到了阏与之战。秦军围攻阏与，连廉颇都觉得该放弃，为什么赵奢要坚持呢？

因为阏与太重要了。若是秦国成功占领了阏与，赵国的首都邯郸便会失去其西部的天然屏障。到那时，秦军对邯郸的攻势将无法阻挡。换句话说，一旦秦国想要攻打邯郸，便可迅速抵达邯郸城下。

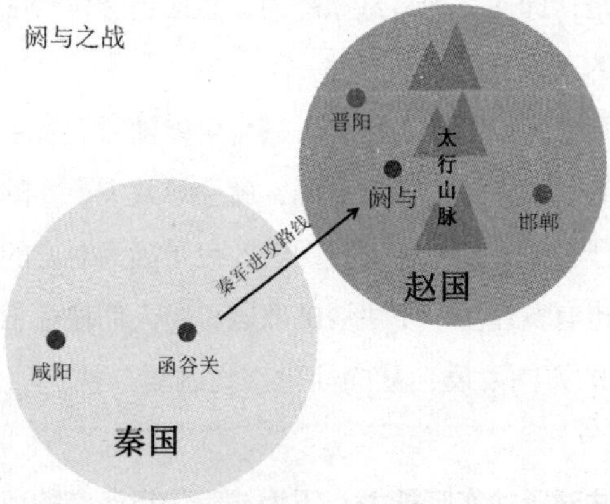


不仅如此，秦国若掌控了这块战略要地，赵国的领土便有可能被秦军一分为二。退一步说，即使秦国未能完全占领赵国西部的全部土地，那些未被占领的地方，也极有可能被韩国所占。这样一来，赵国将面临严重威胁，形势岌岌可危。所以，赵国必须保住阏与。

道理虽如此，但太难了。秦军以逸待劳，摆出了攻势，只要赵国援军过去，就可能会被歼灭。赵奢的做法是怎样的呢？

虽然他说“狭路相逢勇者胜”，但实际上，他更多地依赖于智慧而非单纯的勇气。赵奢的策略分为两步。

**第一，在于“能而示之不能，用而示之不用”。**

出了邯郸就不走了，反而开始修筑防御工事，这是告诉秦军，自己怂了，没有去救援的打算。当然，要瞒过秦军不容易，为此赵奢不惜搭上了军吏的一条命。连自己人都被骗住了，更别说秦军了。

**第二，以逸待劳。**

在距离阏与五十里的地方，赵奢就停住了，开始修筑防御工事。这五十里，是给秦军准备的，等他们来攻。

赵奢很聪明，虽然自己的奇袭瞒过了秦军，但长途跋涉后的赵军，战斗力肯定要打折扣。若直接冲到城下，搞不好连自己都要被擒。所以，他预留了一定的缓冲。自己以逸待劳，等秦军来攻。如此，便实现了攻守转换。

在这两步中，最关键的是第一步。“能而示之不能，用而示之不用”。

这个概念源自《孙子兵法·计篇》。孙子在这句话中，阐述了两个关键要素：“能”，指的是能力；“示”，则是向外界展示或传达某种信息，即展示你的意图。

孙子想要传达的是，即便你拥有某项能力，也应当装作无法完成或没有兴趣去完成，这样可以隐藏你的真实意图。

意图这个东西，不仅可以隐藏、伪装，甚至可能随时会发生变化。所以，与高手过招，确实是惊心动魄。误判了对方的意图，就会导致灾难性的后果。

有的人好奇，为什么会误判对手的意图呢？只是因为对方的刻意隐藏？

其实，我们自己也有责任。一个主要的原因，是人们往往急功近利，总是希望事情能朝着对自己有利的方向发展，从而简化事物的复杂性。那么，如何避免这种误判呢？

**对策很简单，关注对手的实际能力。因为与隐秘且多变的意图相比，能力是一个相对稳定，且难以在短期内发生巨变的因素。换句话说，不要寄希望别人不打你，要使自己强大，让别人不敢打你。**

# 为什么有的人越努力越焦虑？

**周郝王四十五年（辛卯，公元前270年）**

初，魏人范睢从中大夫须贾使于齐，齐襄王闻其辩口，私赐之金及牛、酒。

须贾以为睢以国阴事告齐也，归而告其相魏齐。

魏齐怒，笞击范睢，折胁，折齿。

睢佯死，卷以箦，置厕中，使客醉者更溺之，以惩后，令无妄言者。

**（一）史料故事**

当初，魏国的范睢跟中大夫须贾一起出使齐国。

齐襄王听到范睢的口才如此流利，非常欣赏他，私下送了他黄金和美食。须贾却觉得，范睢可能泄露了魏国的秘密，否则齐王不会对他那么友好。于是回国后，他向宰相魏齐报告了这件事。

魏齐大怒，对范睢施加刑罚，结果把他的肋骨打断了，牙齿也打碎了。为了活命，范睢只能装死。

魏齐信以为真，命人将他用席子卷起来扔进了厕所，还让喝醉的客人往他身上撒尿，以此来警告大家不要乱说话。

范睢对看守他的人说："如果你能帮我逃出去，我一定会重重报答。"看守的人同意了，便请求把"尸体"处理掉。

当时魏齐已经喝醉，并未细查就答应了。但酒醒之后，他后悔了并派人去找。但此时，范睢已经被魏国的郑安平藏起来，并改名为张禄。

后来，秦国的礼宾官员王稽出使魏国，范睢在夜里偷偷去见了他。王稽见识到范雎的才华，便秘密将他藏在车中带回了秦国，并推荐给了秦王。

秦王在离宫安排了与范雎的见面。在长巷中，范雎故意闲逛，装作不知道秦王即将到来。

秦王出现时，前导的宦官批评范雎无礼。谁料，范雎却直言不讳地说："秦国哪里有什么大王，只有太后和穰侯罢了。"

秦王听到后，让身边的人退下，恭敬地向范雎请教。范雎再三推辞。秦王说："先生您是不愿意教导我吗？"

范雎谨慎地回答："身为魏国人，我与大王您并不熟识，交情尚浅。然而，我所要禀报大王的事，都是关于如何匡正君王行为的重要事情。我虽然愿意竭尽忠诚，但却不清楚大王您内心真正的想法。正因如此，大王您即便三次询问，我也迟迟未敢回应。

我明白，今天若坦言相告，或许明日就会因此遭难。但这是我的职责所在，我不能回避。再说，死亡是每个人都难以逃避的命运，假如我的牺牲能对秦国有些许益处，那我也无怨无悔了。我唯一担忧的是，若我死去，会让天下的有识之士因此心生畏惧，不再愿意前来秦国建言。"

秦王听后，诚恳地说道："先生，您言重了！今日能与您相见，实乃寡人之幸，似乎是上天的旨意让您来帮助我，守护先王的宗庙。不论事务大小，上至太后，下至朝臣，寡人都希望先生能不吝赐教，寡人定会深信不疑，虚心受教。"

范雎这才说："秦国如此强大，士兵们如此勇猛，对付其他诸侯国本应轻而易举，犹如猛犬追逐跛脚的兔子。然而，为何秦国封闭国境十五年，却未敢向崤山以东用兵呢？究其原因：一方面是穰侯在为国家出谋划策时并未尽心尽力；另一方面，大王您的战略决策也存在失误。"

秦王问："请先生明示，我究竟在何处失策了？"此时，周围有许多人在偷听，范雎为了试探秦王的反应，决定先不谈及太后的事情，而是把目标放在穰侯。

他解释道："穰侯曾越过韩国和魏国，去攻打齐国的刚邑和寿邑，这明显是一个战略失误。想当年，齐湣王南征楚国，虽然大破楚军，杀敌将领，开拓了千里疆土，但最终齐国并未获得多少实际领土。这并非齐王不欲得地，实在是地形所限，难以固守。后来，诸侯见齐国国力衰退，便群起而攻之，使齐国几乎亡国。所以最后，齐国劳师动众征伐楚国，却让韩国和魏国坐收了渔翁之利。

大王，您应该采取'远交近攻'的策略，每攻占一寸土地，就能真正拥有一寸土地，每攻占一尺，就能守住一尺。韩国和魏国位于天下之中，是交通要冲，如果您想称霸天下，就必须控制这一战略要地，以此来威慑楚国和赵国。若楚国强盛，就联合赵国；若赵国强大，就与楚国结盟。一旦楚国和赵国都归附于您，齐国必然会感到畏惧。而一旦齐国也归顺，那么韩国和魏国就将完全在大王的掌控之中了。”

秦王十分满意，于是以范雎为客卿，做军事战略的参谋。

**（二）解析**

范雎确定的这条“远交近攻”策略，最重要的作用，是让秦国有了方向。

秦国虽强，但前期基本是乱打，一会儿伐魏，一会儿打楚，甚至偶尔还越过魏、韩去打齐，毫无章法。自从范雎来了，这一切都变了。因为范雎帮秦王勾画了一条清晰的战略路线图。

“不谋万世者，不足谋一时；不谋全局者，不足谋一域。”前期所有的会战，都是为最终的决战做准备。什么是“大战略”？

大战略，就是心里始终装着决战的目标，然后从当下出发，规划出一条通向最终决战的明确路径。每一次的小规模战斗，都是在为下一场更大的战斗铺路，一步一步地向着最后的胜利迈进。

在范雎提出“远交近攻”之前，各国都是哪里有利益就往哪里冲，敌友关系变化莫测，只看重眼前的利益。今天甲跟乙一起打丙，明天乙跟丙一起揍甲，来来回回，看着热闹，其实没什么实质性进展。

范雎很清醒，他帮秦国搞清楚了一个问题：**谁是我们的朋友，谁是我们的敌人？**

这不仅仅是在军事层面上的指导，更是在政治层面上的一种明确。政策指导战略，这让秦国的行动更加有序、有目的。如此，也就有了进攻的“战略重心”。

思路其实很简单，就像我们平时做事，总要先找到关键点，然后集中精力去攻克。秦国的目标是吞并六国，但显然不能同时攻打六国。这就需要找到一个突破口，一个战略重心。范雎就敏锐地找到了这个重心：韩、魏。

**当秦国集中全部力量攻打这个重心时，胜利的天平就开始向秦国倾斜。当然，胜利不是目的，让自己越来越强，敌人越来越弱，才是真正的目的。**

所以，在开始努力前，最好先有个整体的规划，大概分成几个阶段，分析每个阶段的关键点是什么。集中80%的精力去攻克关键部分，这样的努力才有用。也只有这样，才能不断突破，最终得到质的飞跃。

## 教育孩子的顶级思维，短短一句话，发人深省！

**周郝王五十年（丙申，公元前265年）**

秦伐赵，取三城。

赵王新立，太后用事，求救于齐。齐人曰："必以长安君为质。"

太后不可，齐师不出，大臣强谏。太后明谓左右曰："复言长安君为质者，老妇必唾其面！"

左师触龙愿见太后，太后盛气而胥之入。

### （一）史料故事

秦国进攻赵国，占领了三座城池。

赵国打不过，便向齐国求援。齐国也同意了，但提出了一个条件：必须让赵王的弟弟长安君为人质。

赵太后对这个小儿子十分疼爱，不愿让他远赴他乡。面对朝中大臣们的提议，她明确表示："若再有人提议将长安君送去做人质，我会直接吐口水到他脸上！"

朝臣无奈，求助了左师触龙。于是，触龙请求进见太后。

太后同意了，但知道他会劝谏，便心存戒备，态度也很强硬。

触龙缓缓地步入宫殿，坐下来慢慢地说："臣已经年迈，腿脚也不太方便，许久没有来拜见太后了。臣常常为自己找借口，心想太后可能身体不适，不应过多打扰。但内心深处，还是一直盼望能有机会再次见到您。"

太后听了，稍微放松了警惕，回应道："我现在行动也不太方便，出门都需要乘车。"

触龙问：“那您的饮食还正常吗？饭量有没有减少？”太后答道：“现在主要都是喝些粥。”

随着这些家常话题的展开，太后的脸色逐渐和缓，整个人的状态也放松了下来。这时候，触龙向太后说道：“我有个不争气的小儿子舒祺，我年纪大了，特别疼爱他。今日冒死来求太后您，希望能得到您的恩准，在王宫为他谋个侍卫的差事。”

太后点头道：“这没问题。他多大了？”触龙回应说：“今年十五岁了。虽然年纪还小，但我希望在有生之年能为他安排好。”

太后好奇地问：“男人也会如此疼爱小儿子吗？”触龙笑道：“甚至比女人还要疼爱呢！”

太后闻言也笑了：“女人可不一样！”触龙趁机深入话题：“我觉得，您对远嫁燕国为后的女儿的爱，似乎超过了对小儿子长安君。”

太后摇头说：“你错了，对女儿的爱，怎能与对长安君的爱相比。”

触龙故作惊讶：“没看出来呀！若父母真爱子女，必会为其深思远虑。当初您送女儿远嫁燕国，抱着她的脚哭泣，是因她远嫁难再相见。她离去后，您虽思念深切，但每次祭祀时都祈祷她别回来。这是您为她深谋远虑，愿她夫妻和睦，子孙世袭燕王之位。”

太后认同道：“确实如此。”

触龙话锋一转：“太后，您想想，往前数三代，那些赵王子孙封侯的，现在还有谁在位？”

太后思索后回答：“没有了。”

触龙解释说：“这是因为他们地位虽尊，却无功于国，坐享其成，最终招致灾祸，近的祸及自身，远的殃及子孙。如今长安君地位尊贵，您赐予他肥沃土地和无数珍宝，却不让他为国立功。将来您若不在，他凭什么在赵国立足？”

太后恍然大悟：“我明白了！一切听从你的安排！”于是，备齐一百辆车的盛大车队，送长安君到齐国为人质。齐国依约出兵，秦军闻讯撤退，危机得以化解。

### （二）解析

**触龙为何能劝谏成功?**

从他缓慢入殿这招来说，就能看出这是个高手。

触龙“入而徐趋”，就是慢慢地、从容不迫地走了进去。你可能觉得，不就是因为上了年纪，走不快嘛?

其实不然，这正是他劝谏的开始。当时的赵太后心中满是怒火，整个殿的气氛都格外紧张。若触龙此时急匆匆地闯入，会直接暴露自己的目的，加剧这种紧张。所以，他选择了“入而徐趋”，以缓解这紧张的气氛。

见到太后之后，触龙并没有直接切入正题，而是先深深地鞠了一躬，表示歉意。他为何要这样做呢？

因为都是老人，聊点有共鸣的话题。由自己年老体衰，顺便开始关心太后。前后连接十分丝滑，毫无违和感。

太后见他没有劝谏，情绪自然也就缓和了。触龙见状，也便开始了主题。

当然，他不会直接劝，而是从自己的子女切入。触龙运用了他的同理心，开始谈论起自己的小儿子，希望为他求得一官半职。

这个举动确实高明，既为自己的儿子铺了路，又巧妙地引出了太后的问题：“丈夫亦爱怜其少子乎？”

触龙回答道：“甚于妇人。”由悬念开始劝谏。

**他巧妙地设置了两个悬念：一是丈夫对小儿子的爱胜过妇人，二是太后对女儿的爱胜过小儿子。**

这两个悬念，成功地引发了太后的好奇心，使她主动追问触龙的想法。而触龙也在此刻亮出了劝谏的核心观点——**“父母之爱子，则为之计深远”。**

其实这句话，即使在今天，仍然具有深远的现实意义。它告诉我们，什么是真正的爱孩子？

很简单，要为孩子的未来考虑得又深又远，而不仅仅是眼前的短暂快乐。

那么，“计深远”到底是什么意思呢？我们可以从两个方面来理解：一是“深”，二是“远”。

**第一是深。**

现代教育中有一个误区：溺爱。

有些父母觉得自己小时候受过苦，就不想让孩子再受苦了。于是，孩子要什么给什么，想怎么样就怎么样。但这种做法真的好吗？不然。

孩子没有吃过苦，就不会珍惜现有的生活；没有经历过挫折，就不会明白努力的意义。所以，“深”就是要让孩子体验生活的艰辛，培养他们的价值观和人生观。

**第二是远。**

有些父母觉得：孩子想做什么就让他们做什么，反正自己有足够的能力保护他们。其实，这种想法不太明智。当你老去，甚至离世之后，你的孩子将如何自立？

如果他们一直依赖你，没有学会独立和自保的能力，那时候的他，就是一个拿金砖的乞丐，任谁都可以抢走。

人与人之间的视野差别，有时候真是天差地别。有些人只看重眼前的几年，有些人则能看到几十年后的未来，甚至有人能为家族几百年的传承而筹谋。当你还在为明天的三餐而忧虑时，有的人却已经在为后代几辈子的发展而布局了。

为什么那么多的剩男剩女，会抱怨父母催他们相亲？其实，这背后也隐藏着父母的爱。他们担心的，不是自己老了会没人照顾，而是孩子老了之后孤苦无依。你可以说他们的观念有些陈旧，但绝对不能说不爱你。

**写在最后：**

这篇文章看完，别的忘了没关系，记住这一句就够了：**父母之爱子，则为之计深远。**

真正的父母之爱，是应该为孩子长远的未来打算。不是给他们钱和物质享受，而是为他们树立正确的三观，培养他们不畏艰难的勇气。因为，这些才是他们未来生活中最宝贵的财富。

我相信，一个有着正确价值观和坚韧不拔精神的孩子，会比一个只会享受的孩子，更能面对生活的挑战。

当然，除了教育观念，我们还能从《资治通鉴》的这段史料中学到很多。比如说，触龙的说话艺术。这个故事流传了几千年，至今还出现在语文课本上，不是没道理的。

触龙的劝谏方式，不仅让人听得进去，还能让人心悦诚服。如果我们能从中汲取一二，运用到与孩子的沟通中，那将是一箭双雕的事。既教育了孩子，又提升了自己的沟通技巧。何乐而不为呢？

## 事缓则圆，人缓则安

**周赧王五十二年（戊戌，公元前263年）**

楚顷襄王疾病。

黄歇言于应侯曰："今楚王疾恐不起，秦不如归其太子。太子得立，其事秦必重而德相国无穷，是亲与国而得储万乘也。不归，则咸阳布衣耳。楚更立君，必不事秦，是失与国而绝万乘之和，非计也。"

应侯以告王。王曰："令太子之傅先往问疾，反而后图之。"

黄歇与太子谋曰："秦之留太子，欲以求利也。今太子力未能有以利秦也，而阳文君子二人在中，王若卒大命，太子不在，阳文君子必立为后，太子不得奉宗庙矣。不如亡秦，与使者俱出。臣请止，以死当之！"

**（一）史料故事**

楚顷襄王生了重病，黄歇找到范雎："现在楚王病得很重，可能撑不住了，秦国应该考虑放太子回国。一旦太子继位，他必定会亲近秦国，并且感激您的恩情，这样，秦国就相当于有了一个强国盟友。如果秦国不放，太子在咸阳就只是个普通人，而楚国立了新君，自然也不会亲秦。"

范雎把这话传达给了秦王。秦王考虑后说："先派太子傅（也就是黄歇）回去探病，待他返回后，我们再作商议。"

黄歇私下与楚太子商量："秦王之所以扣留您，肯定是想从中得到些什么。但实际上，您目前无法对秦国提供实质性的帮助。如果楚王去世而您还未回国，阳文君的儿子很可能会被立为新君，那您就错失机会了。现在最好的办法是逃跑，和使者一同秘密回国。我会在这里为您掩护，最坏的结果，也不过是我被杀。”

于是，太子伪装成楚国使者的马车夫，成功地逃出了关隘。黄歇则留在太子的住所，每天都对外宣称太子生病了，不能外出。直到确认太子已经远离，他才去向秦王坦白：“楚太子已经安全回国，请治我的罪。”

秦王非常生气，想要杀他。范雎为他求情说：“黄歇身为臣子，愿为君王献身，这是忠义。太子继位后，黄歇必将得到重用。我们不如顺水推舟，放他回国，以巩固与楚国的盟友关系。”

秦王接受了这一建议。

黄歇在回国后仅三个月，楚顷襄王便去世了。太子顺利继位，成为楚考烈王，并任命黄歇为相，赐予他淮北的封地，尊称为春申君。

**（二）解析**

这段材料分为两部分，第一部分是黄歇劝范雎，第二部分是黄歇顶包。

**第一部分，黄歇劝范雎。**

黄歇劝谏的大逻辑是这样的：**放了太子；对秦国好处较多。如果坚持扣留，那么秦国不仅得不到任何好处，甚至还有损失。**

行为经济学里有个“预期理论”，人们往往对可能遭受的损失更加敏感。换句话说，损失给我们带来的痛苦，远远超过相同程度的收益带给我们的快乐。

利用这个理论，在给别人建议的时候，我们可以多讲几句损失，因为人天性对这部分更敏感。

**第二部分，黄歇顶包。**

虽然黄歇找范雎当了说客，但秦王并没有马上放太子熊完回国。

秦王的意思，是让黄歇先回去看看，再做打算。但黄歇知道，楚王随时都可能驾崩，如果太子不及时赶回去，必定与王位无缘。相应地，作为太子傅的黄歇，政治生命也就结束了。所以他不能等，等就是死，赌一把，或许能飞黄腾达。怎么赌呢?

关键人物是太子熊完，只要他能回去，一切就尘埃落定。所以，黄歇让太子换装，悄悄出城。当然，如果太子走了，黄歇就必须留下。原因有二。

第一，黄歇是与熊完一起留质秦国的，如果两人同时消失，秦人必定怀疑。大家都知道，两人情同手足，黄歇时不时地在咸阳街头闲逛，秦王也能放心，以为他们都在。

第二，此事十分凶险，一旦泄露消息，黄歇跟熊完可能都要完。所以事情不能交给底下人做，必须黄歇亲自在咸阳控场，确保安全。

当然，按照这个操作，即便是事成，黄歇也免不了一死。但他还是平安无事地回了楚国。为什么呢？

**纵观黄歇的谋划全程，一个人物起到了关键作用：范雎。**

范雎帮黄歇当说客，事发后也是范雎帮他说好话，劝秦王放他回去。他的作用，跟后来的项伯类似，没有这个中间人，黄歇十有八九会被杀。**那么问题来了，为什么关键时刻，范雎会这么帮他呢？**

答案是黄歇很明智，早就结交了范雎这个朋友，若干年前，他就埋下了这条人情线。

经常喝酒聚会，这感情早就培养出来了。当然最关键的是，范雎建议熊完回国、放黄歇，于秦国确实是有利的。范雎为秦国计，于公于私都很合适，没有任何冲突。

黄歇想要结交范雎，范雎为什么会接受呢？

因为黄歇背后的熊完有价值，他是楚国的太子，未来的楚王。结交一个未来的王，对范雎大有裨益。一来，作为秦国的丞相，结交未来的楚王，有利于邦交。二来，如果将来在秦国混不好，楚国就是他的退路。

**所以与人结交的前提，是我们自己有价值。人缘好的秘诀，从来不是善良，而是你自身的价值。你若花开，世界都芳香；你若有实力，一切关系都顺畅。**

# 不占便宜，才是一个人最大的精明

**周赧王五十三年（己亥，公元前262年）**

武安君伐韩，拔野王。

上党路绝，上党守冯亭与其民谋曰：“郑道已绝，秦兵日进，韩不能应，不如以上党归赵。赵受我，秦必攻之；赵被秦兵，必亲韩。韩、赵为一，则可以当秦矣。”

乃遣使者告于赵曰：“韩不能守上党，入之秦，其吏民皆安为赵，不乐为秦。有城市邑十七，愿再拜献之大王。”

**（一）史料故事**

白起领兵攻打韩国，成功占领了野王，截断了上党与韩国本土之间的联络。

上党郡守冯亭与百姓商议对策，分析道：“如今通往新郑的要道已被秦军封锁，秦军步步逼近，而韩国却无法提供及时的援助。我们不如考虑把上党献给赵国。一旦赵王接纳我们，秦国必定会对此作出反应，对赵国发起攻击。当赵国与秦国发生冲突时，他们自然会寻求与韩国联盟。这样，就能共同抵抗秦国的侵略。”

百姓同意，于是冯亭派使者前往赵国，向赵王表达他们的意愿：“由于韩国已无力守卫上党，韩王命令我将上党割让给秦国。但是，上党的百姓都不愿成为秦国的子民，他们更希望能成为赵国的一部分。上党共有十七座城池，我代表上党全体百姓，将这些城池献给大王。”

赵王十分心动，向平阳君赵豹寻求意见。平阳君警告说：“圣人甚祸无故之利。”圣人总是警惕那些无缘无故出现的好处，这种突如其来的大利，往往背后隐藏着祸患。

然而，赵王却认为：“他们是因为仰慕我的仁德而愿意归顺，这怎么能说是无缘无故呢？”

平阳君进一步解释说：“秦国对韩国的土地，一直采取逐步蚕食策略。他们攻占野王，切断上党与韩国的联系，目的就是迫使韩国献上党以求和。现在冯亭把上党送给我们，就是把这个烫手山芋扔给赵国。秦国付出努力，而我们赵国却坐享其成，这显然是不合理的。更何况，我们赵国的实力还不如秦国。这难道不是一种无缘无故的好处吗？”

赵王又向平原君咨询。平原君赵胜认为，可以接受上党的献礼。

于是，赵王派遣平原君前往接收上党，并给予冯亭及其下属丰厚的封赏。封冯亭为华阳君，赏三座一万户的城邑。每个县的县令，封给三座千户的城邑，封为侯。其他吏民，全部加爵三级。

冯亭却拒绝会见使者，他悲痛地表示：“我不忍出卖自己君王的土地，来换取个人的封地。”

**（二）解析**

平阳君说的“圣人甚祸无故之利”，还是很有道理的。《菜根谭》里有句话很相似：

“非分之福，无故之获，非造物之钓饵，即人世之机阱，此处着眼不高，鲜不堕彼术中矣。”

意思是那些看似不劳而获的福气和意外之财，往往不是好运，而更可能是诱饵或陷阱。

我们生活中的许多问题，其实都是因为被欲望冲昏了头脑，拿了本不该属于自己的东西。真正的好结果，是靠自己的品德和能力通过努力得来的。如果只是被欲望驱使，用些小聪明、小手段去谋取利益，那样的成功不过是昙花一现，终究不能长久。

上面说的是道理，不过还是要具体问题具体分析。

赵王不懂这个道理吗？我觉得他是懂的，只是无法拒绝，因为上党这个诱惑太大了！

韩国弱小，上党地区在他们手里，对赵国基本构不成威胁。但是，一旦上党郡被秦国所占据，情况就会截然不同。因为秦国可以从南太行山区域，直接切断赵国晋阳与邯郸之间的联络线。

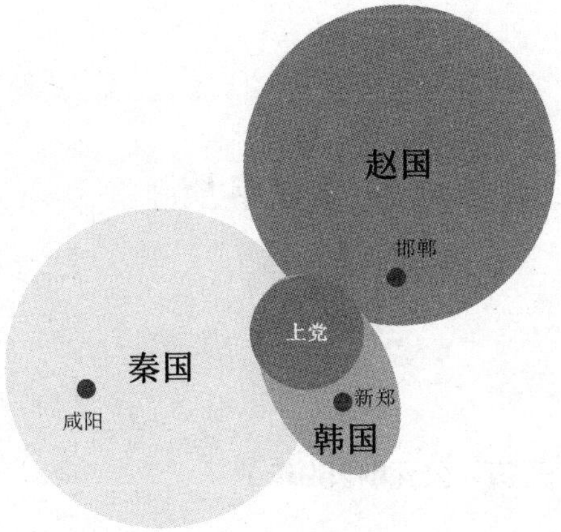


接下来，他们有两条进攻路线：第一种，可以沿着汾水逆流而上，直攻晋阳。第二种，分兵从太行山迅速进军直取邯郸。

上党地势高于邯郸，这种居高临下的地理位置，在冷兵器时代，其军事威慑力几乎是无法破解的。所以，对赵王来说，他无法拒绝上党。

今天可能避免了冲突，但放弃上党后，明天赵国就会彻底活在秦国的阴影下。因此他明知是个坑，但还是选择了接受。

从赵国的立场来看，秦国与赵国之间的战争不可避免。与其消极地等待秦国的攻击，不如主动选择远离本土的上党地区，作为未来可能的战场。更进一步地，如果能把韩国也拉入这个联盟，那么或许还有一线希望战胜秦国。

**写在最后：**

对待这种不劳而获的意外之财，最好的办法是拒绝。但如果实在没法拒绝，那就要提前准备好对策。

纵观赵王的这次选择，他失策的地方就在于，明知打不过秦国，却还要接收上党，事后又没有应对秦国的办法。如此，他不被坑谁被坑呢？

对我们自己，还是建议能拒绝就拒绝。因为赵王最起码还知道是韩国坑他，秦国马上就会出兵揍他，可现实情况下，我们连是谁下套都不知道，怎么准备好对策呢？

所以不要贪心，该舍就舍吧。长平之战四十万赵人的悲惨经历在前，我们该警醒。

## 利弊分析法：轻松看透事物的本质

**周赧王五十六年（壬寅，公元前259年）**

赵王将使赵郝约事于秦，割六县。

虞卿谓赵王曰："秦之攻王也，倦而归乎？王以其力尚能进，爱王而弗攻乎？"

王曰："秦不遗余力矣，必以倦而归也。"

虞卿曰："秦以其力攻其所不能取，倦而归；王又以其力之所不能取以送之，是助秦自攻也。来年秦攻王，王无救矣。"

赵王计未定，楼缓至赵，赵王与之计之。

**（一）史料故事**

长平之战，赵国惨败。赵王派赵郝为使者前往秦国，签订和平协议并移交六座城池。

虞卿向赵王进言："秦王对赵国的进攻，是因为他们力量耗尽而撤退，还是他们尚有余力但出于对您的尊重，选择了撤退？"

赵王说："一定是因为力量不足。"

虞卿说："如果秦军确因力量不足而撤退，大王您却主动送上城池，这岂不是在助长敌人的力量来对付自己？若明年秦军休整完毕再次进攻，大王您怎么办呢？"

赵王陷入沉思，恰逢楼缓到访赵国，赵王便向他寻求意见。

楼缓表示："虞卿只看到了表面。秦赵之争，其实让其他国家暗自欢喜，因为他们可以趁机与秦国联手，共同瓜分赵国。因此，大王应迅速割让土地与秦国达成和解，以安抚秦王。这样一来，其他诸侯国见到秦赵关系和谐，便不敢轻易对赵国发动攻击。否则，若再激怒秦国，各国必会利用秦王的怒火，趁赵国疲惫之际，联手出兵。到了那时，赵国存亡都未可知，更别提割让土地的问题了。”

虞卿得知情况后，急忙再向赵王进言：“楼缓的提议风险极高！如果我们赵国割地给秦国以求和，会让其他诸侯国对我们的立场产生更多怀疑，更不会有国家愿意帮助我们对抗秦国了！而且，割地并不能真正安抚秦王，反而可能激发他更大的贪婪心理，导致他再次发动攻击。这样做不仅是向秦国示弱，也是向各国展示我们的软弱。

我反对割地给秦国，并非只是单纯地拒绝割地。如果秦王要求六座城池，我们不如将六座城池赠予齐王。齐国和秦国本就有深仇大恨，只要我们一提议，齐王必定会欣然接受。这样，我们赠予齐国的土地，未来还有机会从秦国手中夺回。同时，这也向其他诸侯国展示了我们抗秦的决心。

我相信，只要我们表明态度，齐国的军队还未抵达赵国，秦国的使者就已经带着厚礼来到邯郸，主动向我们求和了。到时候，我们再与秦国和解，韩国和魏国也会对我们表示敬意。这样，我们不仅能与齐国、韩国、魏国联盟，还能摆脱秦国的控制。”

**（二）解析**

这是一个决策难题。

**赵王的桌上，放着两个方案，到底该选哪一个呢?**

**甲方案：**

提议者：虞卿。

主要内容：不卑躬屈膝，联合各国与秦相抗，如此才能救赵。

**乙方案：**

提议者：楼缓

主要内容：亲秦，尽快割地与秦修好。不然各国趁火打劫，赵国危矣。

不难选，用最简单的利弊分析法：

**先说甲方案。**

**利：**送给齐国六座城池，结盟，相当于间接壮大赵国军力，让秦国出兵的时候有所顾忌。同时，也能向各国证明自己抗秦的决心，他们也敢放心地来救援。

**弊：**秦国拿不到城池，可能会恼羞成怒，再次出兵侵占赵国。但就事实情况来说，接连打了长平之战、邯郸之战，秦国实力损耗的也相当严重。短时间内，很难再组织大规模的军事行动。

一句话概括，秦国确实不爽，但就此出兵，也是心有余而力不足。

**乙方案。**

**利：**送给秦国城池，可以暂时将其稳住，赵国取得和平。

**弊：**以秦国的习惯，即便送了城池，他也会继续揍你，所谓和平是相当短暂的。另外在各国看来，赵国割地这是臣服的表现，下次再有危机，他们便会作壁上观。因为就算不救，赵国也会继续割地求和，自己为啥要救呢？

这么一分析就看出来了，甲方案利大于弊，乙方案弊大于利。赵老板是怎么选的？

他幸亏没糊涂，采纳了虞卿的建议，并派遣其出使齐国，与齐王共同谋划对抗秦国。

结果，虞卿还未回国，秦国的使者就已经抵达邯郸。楼缓得知消息后，悄悄地走了。为了表彰虞卿的贡献，赵王赏赐他一座城池作为封地。

这是根据内容利弊，选出最佳方案的办法。其实，赵王就不该问楼缓。

《资治通鉴》只记了片段，我查了一下才发现，好家伙，楼缓是个亲秦分子。离谱的是，赵王也知道这点。

楼缓，赵人，曾是赵武灵王的大臣。公元前306年，被派遣入秦，成了昭襄王的臣子。公元前298年，楼缓出任秦相，致力于秦赵两国之友好。后来，赵武灵王在沙丘被饿死，公子成和李兑主政。李兑让机郝入秦，接替楼缓。自此，楼缓成了闲人一枚。

从丞相到平民百姓，落差实在是太大，楼缓于是十分怨恨李兑，进而开始怨恨赵国。也因为怨恨，他彻底成了秦臣。后来，还曾帮秦国游说过魏国。所以楼缓的政治立场很清楚，就是为秦。

赵王问他，实在是不该。也幸亏虞卿的口才确实好，不然赵王可能选择割地给秦。

**写在最后：**

有事找人咨询，最好先搞清楚建议者的背景，是否与你咨询的人或事之间，有相关利害关系。

如果有，建议换个人问。道理很简单，人都是趋利避害的。有利于他的事，自然会助推发生。因为利益，他做不到客观，这建议肯定也就没必要听了。

## 从职场角度分析，为什么像白起这样的人肯定会死？

**赧王五十八年（甲辰，公元前257年）**

十月，免武安君为士伍，迁之阴密。

十二月，益发卒军汾城旁。武安君病，未行。诸侯攻王龁，龁数却，使者日至，王乃使人遣武安君，不得留咸阳中。

武安君出咸阳西门十里，至杜邮。王与应侯群臣谋曰："白起之迁，意尚怏怏有余言。"

王乃使使者赐之剑，武安君遂自杀。秦人怜之，乡邑皆祭祀焉。

**（一）史料故事**

秦王派王陵再次领兵攻打赵国，武安君白起生了病，无法出征。

正月，王陵对邯郸发起了进攻，但遭遇了失败。

为了扭转局势，秦军不得不增派援军给王陵，尽管如此，王陵还是损失惨重，大约有五个校队，共四千人左右的士兵阵亡。

此时，白起的身体已经恢复。秦王希望他能够接替王陵继续攻赵。白起说："邯郸城固若金汤，并且诸侯各国的援军很快就到了。这些年来，各国对秦国积怨已久，虽然我们打赢了长平之战，但也付出了巨大的代价，士卒死伤过半，国内空虚，实在不是攻赵的好时机。"

秦王坚持，亲自去邀请，但白起仍然不愿出战。又找了范雎当说客，白起依然以生病为由拒绝。

无奈之下，秦王只好让王龁代替王陵。同时，剥夺了白起的所有官职，将其贬为普通士兵并流放到阴密。

诸侯联军开始围攻王龁，王龁不敌，边打边退，不断派使者回朝求援。白起听说了消息，对人说："大王不听我的，如今怎么样？"

秦王十分愤怒，强行让白起出征。然而，白起依然以生病为理由，坚决不出。于是秦王下令，强行遣送白起，不让他在咸阳逗留。

白起离开咸阳，走到杜邮。秦王与范雎及群臣商量："白起被逐，怨言颇多。"便派人赐给白起一把宝剑，让其自行了断。

白起自尽后，秦国人很同情他的遭遇，各处都为他设坛祭祀。

**（二）解析**

白起一生，杀敌无数、战功赫赫，攻无不克，绝对是进阶者的天花板。可就是这样的人才，为什么会被秦王赐死呢?

这篇文章，我们分析下背后的职场潜规则。

**1.白起的贵人倒下了**

公元前266年，魏冉被解除相位，回到了自己的封地陶邑，没多久他就因为心情不佳去世了。接替他位置的新权臣，是靠打击魏冉起家的范雎。

白起是魏冉一手提拔起来的，所以作为新丞相，范雎一直都跟他不对付。白起也是爽快人，感念魏冉当年的提携之恩，对范雎也不友好。

如果白起只是一个普通的老百姓或者小官吏，他的态度可能不会引起多大的注意，秦昭襄王和范雎也不会太过在意。毕竟，在地位稳固的时候，谁不愿意显得宽容些呢?

但问题是，白起不是普通人，他是秦国的战神，是其他六国的噩梦，是军队的灵魂人物。因此，他的每一个举动都会影响到很多秦军士兵，这让秦昭襄王和范雎不得不对他重视起来。

实际上，在长平之战胜利之后，范雎没少在背后给白起找麻烦。尽管秦国赢得了这场战争，但自身的损耗也非常严重。这也使得秦国国内出现了两种声音：

一种是以范雎为代表的管理层，他们主张适可而止，让国家喘口气；另一种则是像白起这样的实战派，他认为应该彻底消灭敌人，否则将来会有麻烦。

从不同的角度来看，这两种观点都没有绝对的对错，关键是看谁在推动和支持哪种观点。秦王拿不定主意，丞相范雎又经常劝说，所以天平很快就倾向了罢兵言和。

白起不愿意，但也没有办法，只能接受命令。但要命的是，他不断嘲讽秦王，说当初建议乘胜追击的时候，你们说不行，现在人家已经休整了几个月，你们又要进攻邯郸，这不是把战争当儿戏吗?

因此，白起直接反对秦昭襄王攻打邯郸的决定，并且说：“赵国哀兵必胜，秦不听臣计，今如何矣。”

这样闹情绪，领导怎能容忍呢？

**2.领导的用人层次**

白起被杀的第二个原因，是他没弄清领导的用人层次。

在创业初期或是中小企业阶段，老板们可能更多关注更多的是员工的能力；但是，当企业发展到一定规模，领导的地位稳固之后，他们更加在意的却是员工的忠诚度。比如说，在不少家族企业或者私人企业中，那些专业能力出众、经验老到、业绩亮眼的职业经理人，有时候竟然还不如老板的老乡、发小甚至是亲戚更受青睐。

问题的关键就在于信任。虽然职业经理人能够让公司赚得盆满钵满，但如果他们心生二意，老板难免会担心自己辛辛苦苦建立起来的企业被他人摘了桃子。

所以，选择自己人，哪怕收益稍微少一点，心里也会觉得更加稳妥，毕竟事业已经上了轨道，稳扎稳打才是王道。

为什么秦昭襄王会听范雎的话赐死白起？

原因很多，但最根本的原因，还是因白起最初是由魏冉推荐的，这使得秦昭襄王心中一直存有一丝疑虑。一旦涉及重大利益，这种不信任感便会迅速膨胀。

而在职场上，如果不是同一个阵营的同事，彼此间往往存在着潜在的竞争甚至是敌对关系。

千万不要轻信同事间所谓的“山盟海誓”，例如共同奋斗之类的话。因为在面临晋升机会或是争夺额外奖励时，同事间的表面和谐很容易就会被打破。

这是人性的一部分，不会因为少数人的高尚情操或道德约束而改变。人与人之间的关系，很多时候利益绑定，要比感情绑定来得更为牢固。

**写在最后：**

在职场上，光有能力是不够的，还得有智慧，有情商。

白起的悲剧，主要是被职场潜规则所害，不会审时度势，没有及时调整自己的位置。

在职场上，忠诚固然重要，但更重要的是看清形势，学会与新环境下的权力中心和平共处。否则，就算你是搞技术的大牛，也可能落得个“壮志未酬身先死”的下场。

从这件事也能看出，无论是古代还是现代，职场如战场，不仅要会打仗，还要学会处理人际关系，把握领导意图。

毕竟，领导们更喜欢那些既能打胜仗，又能维护团队和谐的“乖孩子”。

# 第七章

# 六国抗秦，一个缺乏核心的联盟注定会各自为战，一盘散沙

## 怎么让对方死心塌地地相信你？

**赧王五十八年（甲辰，公元前257年）**

秦太子之妃曰华阳夫人，无子；夏姬生子异人。异人质于赵，秦数伐赵，赵人不礼之。

异人以庶孽孙质于诸侯，车乘进用不饶，居处困不得意。阳翟大贾吕不韦适邯郸，见之，曰："此奇货可居！"

乃往见异人，说曰："吾能大子之门。"异人笑曰："且自大君之门！"

不韦曰："子不知也，吾门待子门而大。"异人心知所谓，乃引与坐，深语。

**（一）史料故事**

秦昭襄王的太子有个妃子叫华阳夫人，但她没有孩子。而另一位妃子夏姬，生了一个儿子叫异人。

异人被送去赵国作为人质，但因秦国经常攻打赵国，所以赵国人对他并不友善。异人的物资也不充裕，生活得很不如意。

这时，一个来自阳翟的商人吕不韦到了邯郸，见到异人后，说："这是奇货可居啊！"为此，吕不韦专门拜访异人，告诉他："我可以帮你光大门庭。"

异人笑着说："你还是先光大自己的门庭吧！"

吕不韦回答说："先生有所不知，我的门庭，要靠您的门庭才能光大。"

异人明白了吕不韦的意思，于是请到屋内，与他深入交谈。

吕不韦说："秦王已经老了。太子很宠爱华阳夫人，但她没有孩子。你的兄弟有二十多个，其中子傒有可能继承秦国的王位，并且得到士仓的辅佐。你排在中间，不太受宠，又长期在诸侯国当人质。如果太子即位，你无法争夺继承权。”

异人说：“我很清楚，但又能怎么办呢？”

吕不韦说：“能决定继承人的只有华阳夫人。我虽然不富裕，但愿意用千金为你游说，助你成为继承人。”

异人说：“如果策略成功，我愿意与你共享秦国。”

吕不韦给了异人五百金，让他结交宾客。又用五百金买了珍稀的玩物，亲自带到秦国去。

通过华阳夫人的姐姐，吕不韦把东西送给华阳夫人，同时赞扬异人的贤能，说异人宾客满天下，经常日夜思念太子和华阳夫人，把夫人当作天。

华阳夫人听后，非常高兴。吕不韦又趁机给华阳夫人的姐姐送礼物，请她劝说夫人：“以美色侍人，当美色衰退时，爱情也会减退。现在你受到宠爱但没有孩子，如果不在得宠时与诸子中的贤孝者结交，推举他为继承人，那么当美色衰退、爱情减退时，即使想说一句话，还有用吗？异人非常贤能，他知道自己排在中间，无法成为继承人。如果你在这个时候帮助他，那么夫人虽然没有孩子，却有了一个比亲儿子还亲的儿子。如此，夫人将终生受宠于秦。”

华阳夫人觉得有道理，趁机对太子说：“异人非常贤能，来往的人都称赞他。”同时，流着泪说：“我无法生育，希望能让异人成为我的孩子，托付终身！”

太子答应了，与华阳夫人刻下玉符，约定异人为继承人。之后送给异人丰厚的礼物，并请吕不韦做他的老师。由此，异人的名声，在诸侯中越来越响。

### （二）解析

**为什么吕不韦能把嬴异人推为继承人？**

外行看热闹，内行看门道。这篇文章，我们从创业角度分析下吕不韦运作的全过程。

**1.选择风险投资目标**

公元前267年，秦国悼太子在魏国离世。秦昭襄王的次子安国君，顺势成了新的太子。

秦昭襄王已然年迈，安国君继承大统的日子，似乎近在眼前。由此，安国君也成了众人眼中的“热门股”。

但是，这口灶已经被烧热了，再去添加柴火，效果不会很明显。“锦上添花”不如“雪中送炭”，所以，吕不韦把眼光放在了安国君的儿子身上。

安国君二十多个儿子，异人混得最差。他母亲夏姬不受安国君宠爱，他自己也在赵国做人质。这样的身份，在秦国自然不受待见。所以投资异人，他会更容易感恩戴德。但这里有一个问题，吕不韦想投资异人，异人就一定会接受吗？

不见得。所以吕不韦的下一步，是说服异人合伙。

**2.说服合伙人**

吕不韦找到异人，直接说明了自己的意图，但异人表示怀疑。

其实，这种情况在策划人的工作中太常见了。如何赢得合作伙伴的信任呢？

异人对吕不韦的提议心存疑虑，这其实很正常。毕竟，大多数人虽然承认奇迹存在，却难以相信它会真正降临到自己头上。对于当时穷困潦倒的异人来说，继承王位是个遥不可及的梦想。吕不韦是怎么劝的？

他站在异人的角度，详细剖析了合作的利弊。成了，异人吃肉吕不韦喝汤，你当秦王我为相。不成，花的是吕不韦的钱，异人还是秦国的王侯。

合伙的利益远远大于弊，甚至说即使失败了，异人也没什么损失。异人不傻，自然愿意合作。

好了，公司建立了，怎么把产品（也就是异人）推出去呢？

**3.包装产品形象**

绝大多数人，会基于一个人的外在形象和表现，评判其能力和价值。因此，干大事的人，首要任务就是塑造自己的形象，展现自己的气势，并有效地宣传自己的影响力。

得益于吕不韦的大力支持，异人的生活品质和个人形象得到了显著提升。吕不韦不仅出资改善了他的生活条件，还帮助他融入了贵族的社交圈子，并通过各种渠道提升他的知名度（其实就是花钱交朋友，大家拿了异人的好处，自然会说他的好话）。

这一系列举措背后的核心理念是：要想融入某个层次，首先得使自己符合那个层次的标准和要求。

这也是为下一步做准备，因为一个寂寂无闻的人，想混进华阳夫人的圈子，基本上是不可能的。

**4.抓住关键人物，疏通关系**

决定异人能否成为王储的关键人物，是华阳夫人。怎么让她支持自己呢？

华阳夫人地位高贵，吕不韦见不到，所以他就先接近了华阳夫人的亲弟弟阳泉君。但考虑到阳泉君的地位和财富，简单送礼显然不足以打动他。

于是，吕不韦直击要害，向阳泉君分析了当前的局势："您的地位、财富都源自您的姐姐华阳夫人，因此她的命运与您紧密相连。虽然华阳夫人深受安国君的宠爱，但她没有子嗣。无论安国君多么宠爱她，他终究需要立太子。您和华阳夫人如今权倾朝野，但若无继承人，必将由盛转衰，甚至可能成为他人的攻击目标。因此，扶持一个自己人，可以确保在华阳夫人得宠时立下从龙之功，同时也能为你们避免未来的灾祸。"

吕不韦从阳泉君的角度剖析利害，确实击中了他的痛点。阳泉君很着急，拉着他的手问有什么对策。

吕不韦顺势推荐了异人，一个没有父母疼爱、非常渴望关怀的孝顺孩子。若华阳夫人能收他为义子，他必定会非常感激。同时，这也能为华阳夫人提供一个"儿子"，使她能够更理直气壮地利用安国君的宠爱，来争取自己的权益。

这些话，完全说服了阳泉君，由此吕不韦也接近了华阳夫人。

但是，这还不够。

**5.生米煮成熟饭**

当时异人还在赵国，如果发生意外，王位还是与他无缘。

于是，吕不韦找到华阳夫人的姐姐，托她转达自己的想法。他的中心思想很简单：纯粹依赖美貌去取悦安国君，并非长久之策。因为年华会老去，美貌会凋零，到时候安国君难免会嫌弃。所以，有个儿子作为后盾至关重要。而吕不韦已为华阳夫人选了一个合适的人选：嬴异人。他建议华阳夫人趁安国君还宠爱她，赶紧吹吹枕边风，促使安国君将异人召回国内，让他们"母子"相认，这样一切都能完美解决。

华阳夫人听后觉得很有道理，便按此计行事。当然，吕不韦也有点小心机。华阳夫人是楚国人。异人与华阳夫人相见并认她为母时，异人特意穿上了楚国的传统服饰。举动不大，但显示了异人的细心和懂事。

华阳夫人特别满意。考虑到自己的利益及对异人的欣赏，华阳夫人不遗余力地提拔，最终成功将异人推上秦国的王位。

那么，吕不韦这环环相扣的"五步走"，有什么共同特点呢？

**他劝人的核心思路，都是从对方的需求出发，剖析利弊，给出对方最优的方案。**

这一点确实相当重要。想要对方接受自己，口号喊得好很重要，但归根到底的核心点，就这一条：**对方信任你，是因为你帮他解决了问题。**

## 对付小人最好的方法，不是翻脸，而是这样做

**《资治通鉴》秦纪**

**庄襄王三年（甲寅，公元前247年）**

蒙骜帅师伐魏，取高都、汲。

魏师数败，魏王患之，乃使人请信陵君于赵。信陵君畏得罪，不肯还，诫门下曰："有敢为魏使通者死！"

宾客莫敢谏。毛公、薛公见信陵君曰："公子所以重于诸侯者，徒以有魏也。今魏急而公子不恤，一旦秦人克大梁，夷先王之宗庙，公子当何面目立天下乎！"

语未卒，信陵君色变，趣驾还魏。

**（一）史料故事**

秦王命蒙骜进攻魏国，占领了高都和汲两地。

面对接连的败仗，魏王深感焦虑，急忙派人前往赵国，恳请信陵君回国。但信陵君因之前窃符救赵的事心有余悸，害怕回国后会被治罪，不愿回魏。他对门下的食客们说："若有人胆敢与魏国使节有接触，定斩不饶！"

所有人都噤若寒蝉，无人敢进言。此时，毛公和薛公挺身而出，两人找到信陵君，直言不讳地说："公子，您在诸侯中享有崇高的声望，这全是因为您背后有魏国作支撑。现在，魏国正处于危难之中，如果您选择置身事外，那么，一旦魏国的都城大梁被秦军攻破，先王的宗庙被毁，您又有何颜面立足于这天地之间呢？"

信陵君意识到问题，立刻决定回国。

在魏国，兄弟二人终于相见。魏王拉住信陵君的手，泪流满面，拜他为上将军。

信陵君迅速向诸侯求援。得知他回到魏国，诸侯们纷纷派兵。于是，信陵君率领五国联军与秦对战。

蒙骜不敌，败逃。信陵君乘胜追击，一直追到函谷关才班师回朝。

秦王不甘心失败，派人携带万金前往大梁，企图离间信陵君与魏王的关系。他们找到了被信陵君斩杀的晋鄙旧友，唆使其向魏王进谗言："信陵君离国十年，现在一回来就掌握了兵权，诸侯们都听他的号令，天下人只知信陵君而不知魏王了。"同时，秦王还不断派人向信陵君道贺，"先生当上魏王没有？"

魏王本来不信，但每天听到的都是信陵君想谋反的消息，慢慢地也就信了，剥夺了他的兵权。

信陵君知道自己中了离间计，心灰意冷。从此，称病不上朝，整日沉溺于酒色之中，只求速死。就这样，四年后，信陵君郁郁而终。

**（二）解析**

说个背景知识。

公元前257年，信陵君窃符救赵，到再回魏国时，整整十年。这十年里，信陵君一直住在赵国。赵王赏了他一座城（本来想给五座城，结果最后不舍得，只给了一座）当汤沐邑。

信陵君不回去，非常合理。因为他偷了魏王的虎符，并且杀了魏王的大将，这梁子算是结下了。即便是亲弟弟，也不能挑衅王的权威，所以信陵君不敢。直到十年后，魏国有难。

这其实是信陵君回国的最好时机。因为当时魏王被打怕了，什么都顾不上了，只要能救魏国，你就是他的恩人。信陵君此时回去，是雪中送炭。但是，他还是害怕。也幸亏他身边有两个敢说真话的门客，毛公和薛公。

这两个门客，来头还是很大的。毛公是赌徒，薛公是酒鬼，但两人都很有名望。客居赵国时，信陵君知道两人的存在，求贤若渴的他，主动上门拜访。结果，两人避之不见。

信陵君反思了一下，可能是自己心不诚，于是就不带车骑，徒步走去和他们同游。由此，终于得到了他们的认可。

事实证明，信陵君没看走眼。别的门客不敢说的话，他们敢说；别的门客不敢做的事，他们敢做。最关键的是，他们看到了事情的核心。诸侯之所以敬重信陵君，是因为魏国。他的身份是魏王弟，正牌的魏国公子。

大家可以品一品，薛公、毛公的话很有现实意义，用今天的话来说就是：**千万别把平台的实力当成自己的能力，不然会死得很惨。**

说回信陵君。他回了魏国，魏王对其十分看重，可后来为什么能被离间呢？真是一个死局？

秦国的离间计，其实是老把戏了。重金收买魏王身边人，进谗言；在市井中散布流言；同时，再光明正大地恭贺称王。来来回回就是那一套，但是很管用，魏王就吃这一套。

其实也不怪魏王，三人成虎，一个人说不信，两个人说不信，三个人开始说的时候，就开始犹豫了。人性就是这样，魏王信谣言是合理的。怎么办？

**关键是有应对的预案。**

成功的先例有很多，比如说齐国的田单，就成功应对了这个危机。田单一开始，就在齐王身边安插了自己人，当小人进谗言时，有人能帮他解释。他很聪明，没有过多解释，直接袒身请罪，让齐王安心。还有，秦国的甘茂，这是个向上管理的高手。甘茂远征韩国，知道不能速胜，自己会面临很多流言蜚语。于是，甘茂提前跟秦王打了预防针，成功破局。

**明者防祸于未萌，智者图患于将来。**聪明的人，会在灾祸还没发生时就加以防范，只有这样，灾祸真正出现时，才能从容应对。

信陵君之死，相当遗憾。确实，主要责任在魏王，他不该听信谗言，怀疑自己的亲弟弟。但信陵君自己也太消极了，压根就没想着解决问题。知道中计了，直接消沉了事，自暴自弃。这种性格，相当缺乏韧劲。

其实，不管是什么时候，什么单位，都不缺小人。被小人坑了后，一定不能消沉，走不出来。情绪的确是需要发泄，但问题是，一直抱怨别人，能解决问题吗？

**写在最后：**

信陵君的悲剧，教训还是很深刻的。从这段历史中，我们能看到三点。

1.不要把平台的实力当成自己的能力；

2.防祸于未萌，对可能出现的风险，要有应对预案；

3.事情发生了，抱怨无用，主动积极想办法解决问题才是正道。

## 一个很笨但能赚大钱的方法

**始皇帝三年（丁巳，公元前244年）**

赵王以李牧为将，伐燕，取武遂、方城。

李牧者，赵之北边良将也，尝居代、雁门备匈奴。以便宜置吏，市租皆输入莫府，为士卒费。日击数牛飨士，习骑射，谨烽火，多间谍，为约曰："匈奴即入盗，急入收保，有敢捕虏者斩！"

匈奴每入，烽火谨，辄入收保不战。如是数岁，亦不亡失。

匈奴皆以为怯，虽赵边兵亦以为吾将怯。

**（一）史料故事**

李牧曾在代地、雁门等地驻守，防备匈奴。他自主权很高，可以自行任命手下官吏，同时，所收取的赋税也无须上缴邯郸，而是直接用于军队的开支。

李牧对士兵的待遇十分优厚，每天都会宰杀几头牛犒劳士卒，让他们操练骑马射箭之术。为了加强警戒，设立了烽火台，并派出间谍以收集情报。然而，尽管做了这些充分的战备，李牧却坚守不战，并明文规定："一旦匈奴入侵，所有人需立即收拾财物，退入堡垒防守。有胆敢擅自出战者，斩！"

因此，每当匈奴来袭，士兵们都会迅速点燃烽火，全体退入堡垒，避免交战，从而确保畜产财物的安全。这样的策略，持续了数年之久。

匈奴认为这位边将胆怯，甚至连赵国的边防军士兵，也开始怀疑李牧是否过于谨慎。

赵王得知这种情况后，对李牧很不满，但李牧依然坚持自己的策略，不肯轻易出战。赵王一怒之下，下令撤换了李牧。

新将领上任，在短短一年多的时间里多次出战。然而，却屡战屡败，边境战报频频传来失利的消息，人畜财物损失惨重。农民无法安心种田，牧民也难以放牧。

赵王没办法，只能请李牧出山。

李牧表示："如果一定要我出山，必须沿用过去的策略。只要您同意，我就上任。"

赵王无奈，只得应允。

李牧重返边关后，一切恢复如旧。匈奴再次陷入数年无仗可打的境地，也无法抢夺到任何财物，越来越信李牧是个胆怯之人。赵军这边，将士们虽然成日领赏却无战功可建，个个都渴望与匈奴开战。

于是，李牧开始策划。他精选了战车一千三百辆、战马一万三千匹、五万名骁勇之士、十万名弓箭手，日日训练，准备出战。然后，他还故意让大量百姓在山野之间放牧牛羊，作为诱饵。匈奴的小队人马发现后，试探性地发起攻击。李牧故意示弱败退，让他们俘虏了几十个人。

消息传回匈奴，单于以为机会终于来了，于是倾巢出动抢掠。

一切都在李牧的预料中。他布下奇阵，以待敌军深入后突然发动攻击，左右两翼的赵军，同时夹击匈奴大军。最终，大破敌军，斩杀了十余万匈奴骑兵。

李牧乘胜追击，接连攻灭了襜褴、东胡，迫使林胡投降。单于见大势已去，只能远远逃走。此后十几年里，再也不敢接近赵国边境。

**（二）解析**

李牧开始时，为什么不跟匈奴打？

**第一个原因，匈奴实力很强，赵军跟匈奴硬碰硬，胜算不大。**

后来的将领就是例子。他倒是"不怂"，直接选择了硬刚，结果如何呢？被打得很惨，士兵丢盔弃甲不说，人畜还被抢走不少，边境的百姓也没法生活。

**第二个原因，即便是能打赢，也没有太大意义。**

匈奴都是骑兵，打不过就跑了，而且跑得很快，很难追上。打不过你，但他会持续地骚扰你。就像后来胡宗宪对付倭寇一样，在制定战略前，见到倭寇就上。来来回回打，天天打。耗费了大量物资，结果却没什么收获。太被动了，而且没有什么意义。该怎么办呢？

**一次性将匈奴打残，让其没有能力骚扰赵国。所谓，一战而定。**

**想要一战决胜，就需要精心策划，确保条件成熟。如果条件不足，那就得耐心等待，绝不能轻举妄动。**

那些耐不住性子，急于求成的人，往往因为焦虑而仓促地做出决策。慌乱之下，行动容易出错，结果往往事与愿违。吃了亏之后，他们才恍然大悟，以不变应万变才是上策。

或许有人会说，等待岂不是浪费时间？

其实不然，等待并非无所作为，而是趁这段时间向下扎根，默默地提升自己实力。如此，时机真正来的时候，你才有能力发动致命一击。

**写在最后：**

李牧教给我们的经验，即便是放在现在也不过时：切忌急躁，要懂得在时机未到时保持冷静，静待花开。

这个思维不仅适用于赚钱，也适用于生活。着急有什么用呢？

生活就是一场马拉松。刚开始跑得快的人，不见得能一直快，而那些跑得慢的人，不一定追不上前面的领头羊。很多时候，人想得到属于自己的一切，首先要有一个好心态，如此才能理智地做出最优的选择。

## 不要相信人，但永远要相信人性！

### 始皇帝九年（癸亥，公元前238年）

楚考烈王无子，春申君患之，求妇人宜子者甚众，进之，卒无子。

赵人李园持其妹欲进诸楚王，闻其不宜子，恐久无宠，乃求为春申君舍人。

已而谒归，故失期而还。春申君问之，李园曰："齐王使人求臣之妹，与其使者饮，故失期。"

春申君曰："聘入乎？"曰："未也。"

春申君遂纳之。既而有娠。

**（一）史料故事**

楚考烈王没有子嗣，让春申君倍感焦虑。他找了很多女子献给楚王，但还是没有人生下儿子。

赵国人李园打算将妹妹献给楚王。后来，听说楚王无法生育，担心妹妹日后会失宠，于是心生一计，决定先成为春申君的随从舍人。

某日，李园向春申君请假回赵国探亲，故意拖延了几日才返回。春申君问其原因，李园解释道："齐王有意娶我的妹妹，我与使臣设宴饮酒，所以耽误了时间。"

春申君好奇地问："那婚事定了吗？"李园回答："尚未确定。"

于是，春申君将李园的妹妹李嫣娶入自己府中。

不久后，李嫣便有了身孕，李园教妹妹对春申君进言："楚王对您的宠爱，可谓是无与伦比。但您想想，您已在楚国担任相国二十多年，而楚王却仍无子嗣。若楚王驾崩，王位势必会传给他的兄弟们。届时，新君将有自己的亲信，您又如何能保住现在的权位呢？更何况，您长时间执掌大权，难免对楚王的兄弟们有所得罪。等新君继位，您的处境就堪忧了。如今我已有孕在身，此事尚无人知晓。若您能将我献给楚王，他必定会宠幸我。倘若上天庇佑，我诞下男婴，那孩子实际上就是您的骨肉。未来他继承楚王之位，楚国便尽在您的掌控之中。”

春申君深以为然，当即将李嫣送回家中，并为她安排了单独的住所，随后又郑重地向楚王推荐。

楚王欣然接受，并宠幸了她。后来，李嫣生下了一个男孩，被立为太子。

李嫣被封为王后之后，李园的身份也随之水涨船高。然而，他心中却有所惧怕，担心春申君会揭露他的计谋，因此私下里与一些亡命之徒有所往来，打算暗杀春申君以绝后患。

关于李园妹妹在春申君府上的进出，其实已有不少楚国人知晓。楚王病情严重，朱英找到春申君，建议除掉李园。

但是，春申君却不以为意，说：“你把事情想得太复杂了。李园是个懦弱的人，我一直对他很好，他怎么可能做出这种事！”

朱英见春申君不听劝告，害怕被牵连，于是逃走了。

此后仅仅过了十七天，楚王驾崩。果然如朱英所料，李园率先入宫，在寿春城的棘门之内埋伏了杀手。春申君毫无防备，进门之后，埋伏的士兵一拥而上，将他杀害，并把头颅扔出城门外。随后，李园又派兵士搜捕并诛杀了春申君的全家。

太子继位，也就是后来的楚幽王。

**（二）解析**

楚王无后，明眼人都看出了楚国未来的动荡。而动荡，就意味着机会，可以浑水摸鱼。所以李园作为一个赵国人，会跑到楚国去谋出路。

**1.李园为什么把妹妹李嫣献给春申君黄歇？**

担心妹妹失宠是一个原因，还有一个更重要的原因，是权力。

来楚国之前，李园只知道楚王，而不知道黄歇。到了楚国后，才发现黄歇是“真楚王”。

至于原因，我们前几篇文章也有提到，黄歇与楚王曾在秦国患难与共，一起为质。这种感情，是何等的深厚？而且老楚王病危时，秦王并不放人，多亏了黄歇以命相搏，他这才能回国继位。既有过命的交情，又是恩人，因此楚王熊完把黄歇当成了亲兄弟。楚国大半的政令，都是出自黄歇手笔，楚王只是负责签字。

所以，当李园发现了真相后，立即将目标转向了黄歇。但转投黄歇后，他也只是个随从，怎么才能上黄歇的船呢？

纵观李园献妹的全过程，十分高明。请假后故意晚回来，引黄歇主动问他。随后，装作不经意地露馅，说自己的妹妹被齐王看上。黄歇果然很好奇，这妹妹究竟长得多好看？

人就是这样，越是稀缺的东西，越想得到。

当然，李园也是拉了齐王当背书，让妹妹的身价瞬间上涨。**他很清楚，李园的妹妹没人关注，齐王看上的女人才值钱。**

**2.黄歇为什么同意把怀孕的小妾送给楚王？**

虽然黄歇跟楚王是好兄弟，但慢慢地，楚王开始冷落他。

公元前241年，楚、赵、魏、韩、卫五国合纵抗秦。楚王为盟主，春申君担任总指挥。联军到了函谷关，秦军开关迎战。结果一场大战，五国联军被打得丢盔弃甲。

楚王十分愤怒，将战败责任归咎于黄歇，从此疏远他。黄歇有了危机感。再者，一朝天子一朝臣，楚王去世后，黄歇没了靠山，自然不可能继续当相国。

所以，在权力的巨大诱惑下，他放弃了自己的道德。也确实是悲哀，楚王熊完拿他当兄弟，让其相国二十年，结果黄歇却背叛了他。黄歇，确实是中了权力的毒。

**3.李园为什么要杀黄歇？**

因为共同的秘密，李园上了黄歇的船。那时候，他们的利益一致，需要相亲相爱。但是，一旦楚王去世，太子（也就是黄歇的儿子）上位，情况就变了。

李园是明面上的国舅，黄歇是暗地里的生父。两人都想要权力，可相国只有一位。另外，为了保住太子的位置，李嫣怀孕进宫的消息必须隐瞒，知道的人越少越安全。

所以，从权力以及自保的角度看，李园跟黄歇都会除掉对方。只不过，李园动手比较早。

黄歇之死，怪不得别人，是他低估了李园的欲望，也低估了人性。

**写在最后：**

有句话很有名："世上有两样东西不可直视，一是太阳，二是人心。"

永远不要低估人性的恶。毕竟人心隔肚皮，知人知面不知心，即便是关系再好的朋友，也不例外。

在黄歇的认识里，李园是自己人，他软弱。但其实，他根本就不认识李园。

## 关于人事调整的几点感悟

**始皇帝十年（甲子，公元前237年）**

冬十月，文信侯免相，出就国。

宗室大臣议曰："诸侯人来仕者，皆为其主游间耳，请一切逐之。"

于是大索，逐客。

**（一）史料故事**

因为嫪毐之乱，吕不韦丢失相位，被送返到封国。

秦国的高层大臣们聚集讨论："那些从各国来的客卿，实则是服务于他们自己的国家，应该请大王将其驱逐出境！"

秦王嬴政表示赞同。随后，秦国开始大规模地搜捕并驱逐客卿，其中也包括来自楚国的李斯。

李斯在被驱逐前，向秦王上书："回顾历史，秦穆公曾广纳贤才，请来了西戎的由余、东边宛城的百里奚，还从宋国迎来了蹇叔，并从晋国招揽了丕豹和公孙支。正因为这样的策略，秦穆公成功兼并了二十个国家，成为西戎的霸主。秦孝公采纳了卫国人商鞅的法制建议，使得诸侯国纷纷归顺，国家因此变得强大。秦惠王则采纳了魏国人张仪的策略，成功瓦解了六国的联合，使他们都臣服于秦国。

再到秦昭王时期，任用了魏国的范雎，强化了王室的权威，并削弱了贵族的利益集团。这四位伟大的君王，都因为任用了外国的客卿而取得了巨大的成功。从历史事实来看，客卿何时对不起过秦国呢？

大王，您所享用的美女、音乐、珍宝和玉石，多数并非秦国本土所产，但您却欣然接受。然而，对于真正的人才，您却因其非秦国本土人士而拒绝，这难道合理吗？难道您更看重物质享受，而轻视人才的价值吗？常言道，泰山之所以高大，是因为它不拒绝任何一捧土壤；河海之所以深邃，是因为它接纳了所有的溪流。一个伟大的君王，应该广纳天下英才，这样才能真正彰显他的德行。这正是五帝和三王能够无敌于天下的原因。如今，秦国将各国的客卿驱逐，是给六国成事的机会。这不是把士兵送给盗贼，把粮食送给强盗一样吗？”

秦王深受触动，召回了李斯，并恢复了他的官职，同时立即废除了驱逐客卿的命令。

此后，秦王采纳了李斯的策略，派出大量的说客和间谍到各国进行游说。对于那些可以用金钱收买的名士，给予丰厚的待遇；而对于那些不肯屈服的人，则进行暗杀。一方面，挑拨六国的君臣关系，另一方面，则派遣良将征伐。短短几年内，秦国就成功兼并了天下。

**（二）解析**

**李斯为什么能说服嬴政？**

李斯这篇上书，就是大名鼎鼎的《谏逐客书》。

简单看，是他写了篇文章，说服力十足。其实不然，事情的重点不在文章之中，而在文章之外。

秦国驱逐客卿的起因，要从水工郑国说起。

秦国在庄襄王时期，就已经相当强盛了，隔壁的韩国每天活得胆战心惊。为了应对秦国的威胁，韩王想出一个“天才的疲秦之策”。他把韩国最优秀的水工郑国派到秦国当间谍，游说秦王修渠。渠道预计绵延三百余里，需要耗费巨大的人力物力，一旦开工，秦国将无力出兵。

嬴政同意了。

但好景不长，在郑国渠建设如火如荼之际，郑国的真实身份曝光了。秦国人愤怒不已，纷纷要求处死这名间谍。

嬴政看得比较远，他认识到：虽然郑国是间谍，但郑国渠的完成将能灌溉关中广阔的土地，极大提高粮食产量，为秦国的统一大业奠定坚实基础。因此，嬴政不仅赦免了郑国，还命他继续负责渠道的建设。

但是，这事件却引发了秦国内部对于间谍和外来势力的深度警惕。秦国朝堂上，关于是否驱逐外来客卿的争论，愈演愈烈。

反对的，主要是宗室大臣。他们担心那些来自六国的客卿可能都是间谍，为了秦国安危，因此提议嬴政将他们全部驱逐。

**这都是表面问题。事实上，这个矛盾的背后，是秦国本土贵族利益集团与外来客卿之间的利益冲突。**

这个冲突的根源，源于商鞅变法。

商鞅变法的军功爵制度，打破了贵族的世袭特权，规定只有立下军功者才能享受爵禄。

任何一项新制度，都会触动部分人的利益，军功爵制度也是一样。它虽然极大地激发了秦国的战斗力，但也让秦国的贵族们不好过。正是贵族们的反扑，商鞅遭受了车裂之刑，但继任者秦惠文王不糊涂，继续沿用商鞅的措施，此后持续了百余年。

到了秦王嬴政的时代，由于军功爵制度的实施，朝廷中已有大量职位被外来客卿所占据。这些外来者，凭借自己的才能和功绩赢得了秦王的赏识，却也因此引发了本土贵族的强烈不满。

郑国渠事件就是一根导火索，点燃了贵族心中积压已久的怒火。他们指责外来客卿中潜伏着大量间谍，要求将他们全部驱逐出境。面对这样的局势，如果你是秦始皇，你会怎么办？

宗室必须稳住。

所以，就有了驱逐客卿的这道命令。

但根本上，嬴政不想，也不愿意。李斯很聪明，他看清了这一点，所以上了《谏逐客书》。文章的效果如何呢？

秦王撤回了逐客令，不仅让李斯恢复了原职，还提拔他做了廷尉，把掌控情报和间谍机构的大权交给了李斯，让其对外施展离间计。

一篇文章，为什么能扭转乾坤？三个原因。

**第一个原因，嬴政本来就不想驱逐客卿。**

嬴政很聪明，他知道军功爵制度虽然让宗室利益受损，但却能让整个国家更加强大。只要秦国的大权还牢牢掌握在王室手中，那国家越强大，对他来说就越有利。

但是，面对宗室众人逼迫，嬴政没有办法，只能顺水推舟。这也是他的高明之处，没有选择硬刚，而是用实践教育人。最终以退为进，成功将宗室和客卿团结在自己身边。

**第二个原因，实践证明驱逐令不行。**

从公元前334年设置丞相开始，一直到秦二世，秦国共有二十四位丞相，其中十六人都是外来的客卿。

秦军历史上的很多关键战役，都是依赖外来的将领。比如我们熟知的蒙毅、蒙恬兄弟，他们家族也是从其他国家迁来的。外来将领在军队中任职的不在少数，如果全部赶出，军心肯定不稳，要出问题。

不安的还有秦国的平民百姓。军功爵制度已经深入人心，秦国人都很珍视这个能提升自己社会地位的机会。如果突然赶走所有的外来客卿，民众可能会觉得，这是要否定商鞅变法的前奏。

所以，将客卿赶走后，秦国一定会出现动荡。而那时六国也不会闲着，说不定就趁机来犯。

**第三个原因，李斯给嬴政提供了挡箭牌。**

嬴政把这篇文章公之于众后，便能堵住宗室的嘴。道理很简单，因为李斯说的都是事实，相比客卿对秦国的贡献，那些间谍的小小破坏力，确实微不足道。

再者，现实情况也已经证明逐客令不行。尽管宗室重视自身利益，但他们也不傻，一旦秦国不复存在，他们的利益也将无从谈起。

**写在最后：**

综合来看，李斯确实是个高手。一方面，他有能力，确实能帮嬴政治理国家；另一方面，他情商高，能准确揣摩领导的意图。

从他身上，我们能学到两点：

**1.选对提建议的时机**

李斯这篇文章，是在被驱逐离开的路上上书的。他为什么选这个时间？

原因很明显，在驱逐令刚下达时，效果还未完全显现出来，李斯当时人微言轻，他的话不足以引起足够的重视。一份奏表，很难说服大众，更难改变嬴政的决心。

那么，李斯又为何不等到彻底离开秦国之后再上书呢？毕竟，那样似乎更安全一些。

其实也不行，一旦离开秦国，很多事情就会变得不可控制。李斯担心，如果秦国在实施逐客令后发现其后遗症过大，主动撤销了该令，那么他的奏表就会变得毫无意义。

所以，李斯选择在路上劝谏，时间恰到好处。

这一点很有现实意义。我们平时给领导提建议时，有时会发现，明明建议很中肯，明眼人都能看出其价值，但为何就是不被采纳呢？

在李斯身上，我们找到了答案：建议不被采纳很可能是因为你提出的时机不对，或者是当前的环境和条件并不适合执行这个建议。

而在合适的时机提出建议，才能产生最大的效果。

**2.提高自己的政治领悟力**

李斯之所以敢写这篇文章，关键在于他懂嬴政。在吕不韦手下干了十年，他很了解嬴政，知道嬴政想要什么。

嬴政所求的很简单，就是一统六国，建立前所未有的帝国霸业。李斯知道这一点，所以就抓住了问题的关键，并以此为出发点，精心构思文章，确保每一句话都能直击嬴政的心灵，使其产生共鸣。

**所以，对普通人而言，不要只关心自己的能力和专长，没事也要研究研究领导，搞懂领导真正的需求，我们就能拿到资源，从而更顺利地成事。**

从这件事上我们也能看出，很多人之所以得不到领导的支持，关键在于没搞懂领导的需求。领导也是普通人，而是人就看重利益。与他的利益不一致，人家自然不会上心。

## 荆轲刺秦失败，根本原因是目的不明

**始皇帝十九年（癸酉，公元前228年）**

燕太子丹怨王，欲报之，以问其傅鞠武。

鞠武请西约三晋，南连齐、楚，北媾匈奴以图秦。

太子曰："太傅之计，旷日弥久，令人心惛然，恐不能须也。"

顷之，将军樊於期得罪，亡之燕。

太子受而舍之。

**（一）史料故事**

燕国太子丹对秦王的无礼很愤怒，心怀报复，于是向自己的老师鞠武寻求建议。

鞠武提议，为对抗秦国，应该西与韩、魏、赵三国建立约定，向南与齐、楚两国结盟，再向北联合匈奴。但太子丹对此策略不耐烦，抱怨道："太傅的计策，实施起来时间太长，让人等得心烦。我实在是等不及了！"

没过多久，秦国的将领樊於期因得罪秦王而逃亡至燕国。太子丹收留了他，并安排他住下。鞠武得知此事后，急忙进谏道："秦王本就残暴，且对燕国抱有很深的怨恨，这已让人心惧。如今樊将军又在此，这岂不是把肉扔在饿虎经过的路上吗？太子，我强烈建议你尽快送樊於期去匈奴！"

然而，太子丹却坚决地说："樊将军在困境中投奔我，我应当竭尽全力保护他，怎能将他赶走？请太傅另想办法吧！"

鞠武叹息道："以冒险求安稳，惹祸上身以求福祉，这种策略不仅浅薄而且危险。为了一人的感恩，而不顾国家的安危，这只会加深冤仇，助长祸端。"

后来，太子丹听闻卫国的荆轲是个贤能之士，于是他卑辞厚礼地去求见。他对荆轲说："秦国已俘虏韩王，又向南攻打楚国，向北进攻赵国。若赵国无法抵挡，那么下一个遭殃的就是我们燕国了。燕国势单力薄，如何能抵挡秦国的铁蹄？现在诸侯国都屈服于秦国，无人敢与之抗衡。我思前想后，觉得如果能找到一位勇士出使秦国，劫持秦王，强迫他归还所侵占的土地，那就像当年曹沫劫持齐桓公一样，将是大功一件。如果秦王不从，就杀了他。到时，他的将领们在外，国内又乱，君臣相互猜疑，这正是诸侯合纵抗秦的绝佳机会。先生意下如何？"

荆轲答应当刺客。于是，太子丹将荆轲安顿在上等的馆舍中，并每日亲自探望，提供一切所需。

后来，听说王翦灭掉赵国，太子丹十分恐慌，希望荆轲能尽快行动。

荆轲说："要见秦王，我必须带上信物。如果能得到樊将军的头颅和燕国督亢的地图，那么秦王一定会亲自见我，这样我就有机会为您效劳了。"

太子丹面露难色："樊将军在困境中投奔我，我怎能忍心这样做呢？"

荆轲没有再多说，但他私下里去见了樊於期，"秦国与您有深仇大恨，您的父母宗族都被他们杀害。如今，秦王还悬赏千金和万户封地来取您的性命。您有何打算？"

樊於期长叹一声："我又能怎么办呢？"

荆轲说："如果我能带着您的头颅去见秦王，他一定会非常高兴并接见我。届时，我就有机会为您报仇，也为燕国雪耻。"

樊於期听后，毅然决然地说："这正是我梦寐以求的！"随后，自刎而死。

太子丹得知这一消息后，悲痛欲绝，但事已至此，只好命人将樊於期的头颅装入木匣。此外，他还寻得一把锋利的匕首，并用毒药浸泡，经人体试验后发现，只要沾上血迹人就会立即死亡。

于是，太子丹将匕首和樊於期的头颅交给荆轲，并派秦舞阳作为副使，一同出使秦国。

**（二）解析**

**1.荆轲刺秦失败，是否因为他剑术差？**

荆轲在历史上特别有名。但其实，他原本并不是一个专业的刺客，而是战国时候的一个读书人。他喜欢读书、练剑。年轻的时候，荆轲到处游历，企图寻找到伯乐，然后投身做门客，从此飞黄腾达。他曾经跟过卫元君，但可惜，卫元君没重用他。可能正是因为这些早年的经历，让他最后走上了刺客这条路。

翻开史书就会发现，关于荆轲的武功，其实并没那么神。甚至有些场合，他看起来还挺“怂”的。有一次，他和剑术大师盖聂讨论问题，意见不合，被盖聂瞪了一眼，他就溜了。还有一次，在鲁句践的斗戏中被说了几句，他就退缩了。这些事都说明，荆轲并不是我们想象中的那种剑术高手。

其实，真实的荆轲喜欢唱歌。他的人格魅力，其实比他的剑术更吸引人。很多电影电视剧里，都把荆轲塑造成剑术高手，但那更多是为了让观众看得过瘾，并不是真实的历史。

太子丹找他刺杀嬴政时，荆轲有自己的想法和计划。**但是说到底，他只是乙方，太子丹才是甲方，有权决定荆轲的安排。**比如，强行安排了一个帮手秦舞阳。

荆轲一开始就不怎么看好秦舞阳，所以他想找个熟悉的朋友一起行动。可惜，那朋友不知道怎么回事，一直都没出现。太子丹见他迟迟不动身，就一直催个不停。荆轲没办法，最后只能带着秦舞阳出发了。结果呢，到了秦王的宫殿，秦舞阳直接怂了，一点忙也没帮上。

荆轲的打斗能力，确实很一般。至于他为什么会失败，其实荆轲自己都说了：

“事所以不成者，乃欲以生劫之，必得约契以报太子也。”

你没听错，就是“生劫”！荆轲的真正目的，其实是想抓住秦王作为筹码，好让秦王把之前占领燕国的土地还回来，这也算是给太子丹一个交代。

所以，他根本就没打算当刺客，而是更想成为一名“士”。

这种事，以前也有人做过，比如蔺相如。当初，秦、赵两国在渑池会面，秦王让赵王鼓瑟并让史官记载，蔺相如看不下去，便上前逼迫秦王，要求秦王击缶。秦王被逼无奈，不想被“血溅五步”，勉强敲了一下。就这样，蔺相如出头了，后来一路高升，成为赵国的高官。

**在春秋战国时期，很多出身低微的“士”，都是靠这种方式爬上去的。**荆轲打的也是这个算盘，他原本想抓住秦王，让其归还土地，然后签订合约。

那时候的人，还是很讲信用和面子的，所以对誓言和承诺，大家都会当真。要是荆轲成功了，说不定还能活着回去，然后就像蔺相如那样，一路飞黄腾达。只可惜，他没能抓住秦王，想动手杀人也没那个能力，最后导致悲剧。

说到底，荆轲的胆子够大，也挺讲义气的，但要说刺杀这种事，他确实不怎么在行。

**2.太子丹的计划，注定要失败**

如果荆轲真的成功了，挟持了秦王并要回土地，那历史走向会改变吗？我觉得不会。实际上，司马光在《资治通鉴》里也表达了他的观点：

夫为国家者，任官以才，立政以礼，怀民以仁，交邻以信。夫如是，则国家安如磐石，虽有强暴之国，尚何足畏哉！丹释此不为，顾以万乘之国，决匹夫之怒，逞盗贼之谋，功隳身戮，社稷为墟，不亦悲哉！

意思是治理国家要靠才能选官，以礼仪来立政，用仁爱安抚百姓，以诚信与邻国交往。如果能做到这些，那国家就会像磐石一样稳固，哪怕有强大的敌国，我们也不用怕！可惜，太子丹没这么做，他放着阳关大道不走，非要为了个人恩怨，动用歪门邪道，结果呢？不仅自己身败名裂，还害得国家灭亡，真是可悲可叹！

**秦国在逐渐强大的时候，燕国在干什么呢？**

长平之战后，赵国势弱，燕国派出使臣慰问。谁料使臣回来后说，赵国的年轻人都死光了，军队没有战斗力，可以进攻。燕王脑门一热，就下令伐赵。有大臣很清醒，赶紧去劝谏燕王，燕王不听。

结果，即便是“老弱病残”的赵军，也完虐了燕军，不仅打退了来犯的军队，还一路进攻，包围了燕国的首都蓟。燕王没办法，赶紧求和。实在是丢人！

你看看这外交、内政，简直是一团糟，政治能力之差在六国中都是出了名的。这样的王族、这样的国家，就算你把土地还给他们，又能怎样呢？最后还不是乖乖交给秦国。

**所以，荆轲去刺杀秦王，这本身就是个送死的局。**不管他能否成功，最终都难逃一死。即便是刺秦行动成功了，燕国也没有未来。嬴政死了，秦国还有李斯、王翦、李信、蒙恬、姚贾。这些人握有实权，能不为嬴政报仇？

即便他们对嬴政不忠心，也不会坐视秦国乱成一团。再说了，不管谁接了政权，新秦王首先要做的事，一定是为嬴政报仇。因为只有这样，才能显示他统治的合法性。燕国能承受得住这样的报复吗？

说到底，太子丹这人还是太激进，同时又没什么头脑。跟他的幼稚比起来，荆轲不够精湛的剑术，真的只能算是小问题了。

“风萧萧兮易水寒”，确实够悲壮，但悲哀的是，他什么都改变不了。这就是历史，前进的车轮滚滚向前，又有谁能阻挡呢？

# 人活到极致，一定是抱朴守拙

始皇帝二十一年（乙亥，公元前226年）

王贲伐楚，取十余城。

王问于将军李信曰："吾欲取荆，于将军度用几何人而足？"

李信曰："不过用二十万。"王以问王翦，王翦曰："非六十万人不可。"

王曰："王将军老矣，何怯也！"遂使李信、蒙恬将二十万人伐楚。

**（一）史料故事**

王贲攻打楚国，占领了十多个城邑。

秦王问将军李信："我想攻占楚国，依你估计，需要动用多少军队才够？"李信回答说："二十万人足矣。"

秦王又拿这个问题去问王翦，王翦说："非得六十万人不可。"

秦王笑着说："王将军老了，怎么这样胆怯！"于是，就派李信和蒙恬率二十万大军，南下攻打楚国。

王翦推托有病，回到老家频阳（今陕西富平）养老。

李信攻打平舆（今河南平舆西北），蒙恬攻打寝城（今河南固始县沈丘东南），大败楚军。李信接着进攻鄢郢（今湖北襄州？疑为郢陈），又拿了下来，于是带领部队向西前进，计划与蒙恬在城父（今安徽亳州东南）会师。楚军尾随在后，三天三夜不休息，大败李信，攻入两个军营，杀死七名都尉，李信大败而回。

秦王听到这个消息，大为震怒，亲自乘车前往频阳，对王翦道歉说："我没采用您的计谋，李信果然使秦军蒙受了耻辱。现在楚军在一天天地向西逼近，将军虽然染病，难道忍心抛弃寡人吗？”

王翦推辞说：“老臣病弱疲乏，昏聩无能，希望大王另择贤明。”

秦王坚持说：“我已经决定，将军不要再说了！”

王翦说：“大王一定要用我，非六十万人不可。”

秦王满口答应：“一切都听将军的谋划。”

于是，王翦率领着六十万大军南下攻打楚国。

秦王亲自到霸上送行，王翦请求赐予许多良田、美宅、园林池囿等。

秦王说：“将军尽管上路好了，何必担忧家里日子不好过呢？”

王翦说：“替大王带兵，即使有功劳也难以封侯赐爵。所以，趁着大王还器重我的时候，请求些园林池囿给子孙后代置份家产。”

秦王听了哈哈大笑。王翦出发后，到了函谷关，又连续五次派使者回朝廷请求赐予良田。

左右亲信说：“将军请求赐予家业，是不是有点过了？”

王翦说：“你们都只看了表面。秦王对人多疑，现在把全国士卒都交给我，我不显出求田问舍、胸无大志的样子，秦王必然会猜疑我。”

王翦攻取陈丘以南土地，直到平舆。楚王得知消息，竭尽全国军队来抗拒秦兵。

王翦到了战场，构筑营垒采取守势，不肯出兵交战。楚军屡次挑战，王翦始终坚守不出。不仅如此，王翦还让士兵们休息好，每天供给的饭食十分充足。

过了一段时间，王翦派人问：“现在士兵们都在做什么？”侍从报告说：“每天比赛投石，跳远。”

王翦：“时候到了，士卒可用。”

楚军屡次求战，秦军不肯应战，楚军就领兵向东去了。王翦趁机发兵追击他们，大败楚军。一路追到蕲南，杀死楚将项燕，楚军败逃。

秦军乘胜追击，占领并平定了楚国城邑，俘虏楚王负刍。楚国灭亡，以其地设立楚郡。

**（二）解析**

**1.李信二十万人为什么惨败，真是实力不够吗？**

对李信战绩的描述，司马光写得很简单，没有细节。灭楚之战，李信只需二十万人确实夸大了，但说实话，要让他全背锅，还真是有点冤。

兵败的主要原因，是秦国丞相昌平君的反叛。昌平君的位置在李信大军后方，按理来说无须防守。可谁想到，他被楚人策反了呢？

李信也没想到，所以吃了个闷亏，导致被项燕包了饺子，损失惨重。说起来，这昌平君也是糊涂。他是楚人，可都坐到了秦国的丞相，女儿是嬴政的妻子，外孙是秦国未来的皇帝。为什么要贪恋楚国的权力呢？

昌平君，楚国最后一个王，享受了没几天，楚国就彻底亡了。

**2.为什么王翦灭楚，一定要六十万人？**

**第一个原因，王翦的作战风格。**

纵观王翦之前的战例，作战风格就一个字，稳。没有必胜的把握，他绝不出战，一旦出战，就会以风卷残云之势消灭敌方。

所以，王翦向嬴政要了六十万人，这几乎是当时秦国所有能出征的士兵。

**第二个原因，防备嬴政变卦。**

王翦除了能打仗，还有一个优点：懂政治。伐楚最大的难题不在战场，而在庙堂。

白起的惨剧近在眼前，王翦不敢忘。当年白起费了很大劲才把赵军打败，本想一口气灭赵，谁料秦昭襄王听了范雎的话，让白起撤军。等秦昭襄王醒悟过来，想再灭赵国时，白起拒绝了。他觉得时机已过，伐赵很难赢，便装病不去。结果昭襄王大怒，直接将他赐死。现在王翦要灭楚国，会不会也发生这种事呢？

谁也说不准。而且，楚国芈姓在秦国很有势力，秦王的后宫一直都是楚女的天下。就算秦始皇不被蛊惑，但谁又能保证这帮楚人不会联合起来，上演个秦国版的“窃符救楚”呢？

所以，老谋深算的王翦就想出了这条妙计，跟秦王要全国的军队。如果嬴政不答应，那正好自己就不去了，让其他人去，王翦不缺战功。

要是嬴政答应了呢？

表示灭楚的决心已经动不了。而且就算秦国内部出问题，想要撤换王翦，也拿他没办法。如果有人拿兵符到前线让王翦撤军，王翦可以怀疑对方假传王命，把他扣在军里，等灭楚之后再说。但如果秦国还有其他军队，此人带兵前来，王翦就不得不听命了。一不小心，王翦可能命都没了。

当年白起要是知道后面发生的事，一定不会接受秦王的撤军命令，而是直接灭了赵国。那时的白起，握有整个秦国的军队，他要是不听命令，秦王没任何办法。毕竟“将在外，君命有所不受”。

**第三个原因，对付分权制国家需要旷日持久。**

《君主论》里有个结论：一个集权制国家很难被打败，但一旦被打败，就很容易被征服。分权制国家则相反，很容易被击败，但要彻底将其征服却很难。

楚国，就是典型的分权制国家。六十万大军浩浩荡荡地把楚国给灭了，但要说彻底征服楚国，还差得很远。因为地盘上还有大量地头蛇，需要一个一个地去收拾。

做这件事，不需要特别精锐的部队，但人数少了肯定也不行。所以，六十万大军其实还是不够用的。

你看，二十年后，楚国的贵族项羽就卷土重来了。

**3.王翦带走秦国所有的军队，嬴政为什么不担心他造反？**

属下为什么要谋反？

答案很简单，因为他野心大，想要更大的权力。所以，只要让领导知道自己没野心就行了。

王翦的办法相当高明。他向嬴政要了很多地。

“为大王将，有功，终不得封侯，故及大王之向臣，以请田宅为子孙业耳。”王大笑。

王翦的这句话，听起来似乎是跟嬴政讨价还价。但如果你仔细琢磨一下，就会发现背后的门道。

如果王翦在计划着什么大动作，想在灭楚之后自立门户，他还会这样明目张胆地和秦王讨价还价吗？恐怕他会选择默不作声，迅速带领军队出征，而不是向秦王讨要封侯的承诺或者良田美宅。

毕竟，如果他真的有异心，灭了楚国后，这些东西他都有可能获得，何必事先向秦王讨要呢？这跟我们买东西一样，认真砍价才是真心想买的。

同样的道理，王翦在出征前就和秦王讨价还价，反而显示出他对封侯赐田之外并无他求。嬴政虽然一开始可能觉得不悦，但稍一思考，就会明白王翦的真心意图。

因此，在听完王翦的话后，嬴政疑虑顿消，甚至开怀大笑。而事后，他也实现了对王翦父子的封侯承诺。

虽然外人看到的是王翦的贪婪，然而在嬴政的心里，却看到王翦没有政治野心的坦荡，因而才能放心让他领大军伐楚。

说句后话，王翦这人不仅懂政治，还懂得治家。他自保的本事，也传给了子孙。

后来秦朝灭亡，王翦的重孙子王元、王威分家避祸。经历一番艰难险阻后，王元辗转逃至齐国琅琊，后来成了琅琊王氏一脉的开创者。王威选择留在了晋阳。

汉朝建立后，王威走上仕途，最终官至扬州刺史。

时光流转，到了王威的九世孙王霸这一代，家族又迁回了太原，王霸也因此被誉为太原王氏的始祖。

这两支王氏的后人繁衍生息，不断积蓄力量，逐渐壮大。后来，琅琊王氏和太原王氏，都成为历时千年的名门望族。

**写在最后：**

从帝王的角度看，我们会发现一个有趣的现象：底下臣子无论是贪婪爱财还是痴迷美色，都是无伤大雅。

他们真正警惕的，只有一种下属，野心勃勃、永不满足。因为这类人很难控制。或者说，他们想要的你给不了。

苏轼在《贺欧阳少师致仕启》中说："大勇若怯，大智若愚。"

这其实是一种人生哲学。那些擅长保持谦逊、不显山不露水的人，从不害怕展示自己的不足。

这是因为，他们的自信心源于内心，而非外界的赞许。他们总是站在一个相对较低的位置，默默地观察周围的一切，清楚地知道何时应该低调行事，以及何时应该风风光光地退场。

正因如此，我们才常说，大智若愚是一种很高的人生境界。

## 团结的前提，是要有一个核心

### 始皇帝二十五年（己卯，公元前222年）

初，齐君王后贤，事秦谨，与诸侯信。齐亦东边海上。

秦日夜攻三晋、燕、楚，五国各自救，以故齐王建立四十余年不受兵。及君王后且死，戒王建曰："群臣之可用者某。"

王曰："请书之。"君王后曰："善！"

王取笔牍受言，君王后曰："老妇已忘矣。"

君王后死，后胜相齐，多受秦间金。宾客入秦，秦又多与金。

客皆为反间，劝王朝秦，不修攻战之备，不助五国攻秦。秦以故得灭五国。

**（一）史料故事**

起初，齐国的君王后很贤明，对待秦国很谨慎，与诸侯交往也讲信义。

齐国处在东部沿海，秦国日日夜夜攻打韩、赵、魏、燕、楚五国。五国各自忙于自救，因此齐王建即位四十多年来，一直没遭受战祸。等到君王后临死时，她告诫齐王建说："群臣之中，某人可用。"

齐王建说："等等，我去拿毛笔和竹简，把这些人的名字写下来。"

君王后说："好。"

等齐王建返回，君王后说："哎呀，老妇已经忘记了。"

君王后去世后，后胜升任齐国的丞相，大量接受秦国的金钱贿赂。齐国的宾客来到秦国，秦国又给他们很多钱。这些宾客，就都做了秦国的间谍，劝说齐王建去朝拜秦国，不用整治攻战的装备设施，不要去援助其他国家攻打秦国，秦国因此得以灭掉其他国家。

后来，大将王贲从燕国向南进攻齐国，突然攻入都城临淄，齐国百姓没有人抵抗。秦国派人诱降齐王建，约定封给他五百里的土地，齐王建便投降了。结果，齐王建被迁移到共地，安置在松柏之间，最终被饿死。

齐国人埋怨齐王建不早点与各国合纵攻秦，听信任用奸臣和外籍宾客，以致亡国，编歌曲讽刺他："是松树吗？是柏树吗？把田建迁居到共城的，是那些宾客吧。"

**（二）解析**

**六国明知道秦国要一个个灭了他们，为什么还是不团结?**

西汉贾谊在《过秦论》里评论道：

"诸侯恐惧，会盟而谋弱秦，不爱珍器重宝肥饶之地，以致天下之士，合从缔交，相与为一。……秦人开关延敌，九国之师，逡巡而不敢进。秦无亡矢遗镞之费，而天下诸侯已困矣。于是从散约败，争割地而赂秦。"

他分析得很透彻。六国诸侯看到秦国强大，心里都发怵，于是就聚在一起开会，想结盟一齐对付秦国。结果呢，一个个都跟守财奴似的，舍不得自家的宝贝地盘，到最后还是各回各家，各找各妈了。

这就是"合纵"策略，听起来挺高大上，实际上实施起来，难如登天！为什么这么难?

合纵的模式，是"弱弱联合"。六国都想推翻秦国，但是有一个致命问题，没有主心骨，大家心不齐。大家表面上和和气气，实际上各有各的小九九。虽是抗秦，但魏、韩等小国心里打鼓，万一赵、楚把我当炮灰使了，我咋办?

所以，一到关键时刻，大家就互相埋怨，利益分配不均，直接就内讧了。类似的情况，在东汉末年也出现过。当时十八路诸侯联合起来讨伐董卓，结果因为大家各怀心思，战事很不顺利。气得满腔热血的曹操直接开怼，在《蒿里行》里，他写道：

"初期会盟津，乃心在咸阳。军合力不齐，踌躇而雁行。势利使人争，嗣还自相戕。"

意思是大家在盟津会盟，都说一心想打败董卓，匡扶汉室。可人人都有自己的心思，犹豫不前，不仅互相争斗，最后还自相残杀。

所以，弱弱联合这种团结，往往就像一盘散沙，风一吹就散了。

在面对一些紧急情况的时候，联盟往往就会出现危机。比如说，要是有个强国想拉拢某个弱国，那弱国很可能就心里犹豫，说不定什么时候就背盟了。

即便是联盟了，战事中遇到危机，各方也可能互相埋怨，尤其是损失惨重的一方，那更是满腹牢骚。甚至，在战事顺利的时候，如何分配利益，也很可能导致严重内讧。

你看，导致联盟不团结的因素太多了。自古以来就是这么个道理：反目成仇比团结一致要容易得多。

相比之下，“连横”策略就显得很稳重。这种模式，是典型的“强弱联合”，有个核心大佬在那儿坐镇，弱国不敢轻易背叛。毕竟，背叛的代价太高了，风险也大。

战国时期，诸侯们四次合纵攻秦，结果呢？秦国还是一统天下了。

秦国很聪明，他们实施的“连横”策略非常实用。简单说，就是拉拢一些国家，打击另一些国家，让大家都围着自己转。这样一来，秦国就能稳稳地坐收渔翁之利了。

但是，“连横”策略也有问题。你依附了强国，去打弱国，最后能得到什么？说不定什么也得不到，还把自己给拖垮了。

所以，当六国意识到问题时，又开始合纵。可合纵又不团结，被秦打败后无奈，为了苟活只能暂时连横。连着连着，就把自己连没了。

这个情境，和“囚徒困境”很相似。即使大家心里都清楚，齐心协力才是最优对策，但在实际操作上，很难完全信任队友。很多人会担心，万一队友反水怎么办？正是因为这种担忧，怕被别人摆一道，大家最终就选择了那个眼下对自己最有利的方案。

换句话说，如果选择“合纵”，就得时刻提防着盟友的背叛。而如果选择“连横”，与秦国联手对付邻国，短时间内是更安全、更有利的选择。毕竟，秦国的策略是“远交近攻”，暂时不会对自己动手。说不定，还能从这场“合作”中捞到点好处。至于长远的未来？再说吧，今天都没了，何谈明天呢？就像“鸵鸟”齐国。

齐国在六国中位于最东边，离秦国最远。当秦国攻打其他五国的时候，齐国选择了袖手旁观，不仅没出手，甚至连自己的战备都没有加强。结果呢？等到其他五国都灭亡了，齐王才突然意识到秦国的威胁，但那时候再集结军队到西部边境，已经太晚了。眼看大势已去，齐王建只能投降。

**写在最后：**

当损害没发生在自己身上的时候，99%的人都会选择围观。进一步讲，当损害真正发生在自己身上了，只要有人比自己惨，99%的人都会选择忍受。这就是人性。

几千年了，这个道理就没变过，哪怕是现在。

要想团结，光喊口号没用，关键是要有一个坚强的领导核心。处于核心的这个人，实力要强，最关键的是他愿意吃亏。这个人主动站出来，愿意做工作，同时又吃得了亏，大家自然就愿意团结在他周围。

## 分封制、郡县制的底层逻辑

**始皇帝二十六年（庚辰，公元前221年）**

丞相绾言："燕、齐、荆地远，不为置王，无以镇之。请立诸子。"

始皇下其议。

廷尉斯曰："周文、武所封子弟同姓甚众，然后属疏远，相攻击如仇雠，周天子弗能禁止。今海内赖陛下神灵一统，皆为郡、县，诸子功臣以公赋税重赏赐之，甚足易制，天下无异意，则安宁之术也。置诸侯不便。"

始皇曰："天下共苦战斗不休，以有侯王。赖宗庙，天下初定，又复立国，是树兵也；而求其宁息，岂不难哉！廷尉议是。"

分天下为三十六郡，郡置守、尉、监。收天下兵聚咸阳，销以为钟鐻，金人十二，重各千石，置宫廷中。一法度、衡、石、丈、尺。徙天下豪杰于咸阳十二万户。

**（一）史料故事**

丞相王绾提议道："燕、齐、楚这些边远之地，因距离咸阳实在遥远，若不设封国，恐怕难以有效统治与镇守。因此，建议从皇子中选几位进行分封。"

嬴政听后，便下令群臣对此事展开讨论。掌管刑罚的廷尉李斯站了出来，说："想当年，周文王、周武王分封了许多同姓子弟，然而几代之后，亲情疏远，这些封国之间互相攻击，如同仇敌，就连周天子也无法制止。如今，天下之所以能归于一统，全靠陛下您的英明神武。我们应当全面推行郡县制，对于诸皇子和功臣，则以丰厚的赋税作为奖赏，这样更容易控制，天下人也不会有什么异议。这正是国家得以安宁的根本所在。如果再设立诸侯封国，实在是不合时宜。”

秦始皇听后，深表赞同：“天下之所以长期征战不休，根源就在于诸侯王的存在。如今我们依靠宗庙的神灵，终于平定了天下，如果再重新设立封国，那岂不是又要刀兵再起，再想求得安宁，可就难了！廷尉说得对啊！”

于是，将天下分为三十六郡，每郡设立郡守总管郡内事务，设立郡尉掌管兵马，设立郡监负责监察工作。

同时，下令收缴天下的兵器，全部运送到咸阳销毁，熔化后铸成了巨大的钟和钟架，又铸造了十二个铜人，每个都重达一千石。

随后，统一度量衡，将各地富豪十二万户强制迁往咸阳居住，置于朝廷的监控之下。

**（二）解析**

**1.嬴政为什么不愿意“分蛋糕”？**

说郡县制之前，必须先搞清楚分封制。什么是分封制？

简单说，就是天子拿出一块地给功臣，说：“这地方归你了，想怎么管就怎么管。”分到土地的人，摇身一变成了“诸侯”，级别还分公、侯、伯好几等。天子为什么要这么干？

主要原因是因为古代交通、通信不发达，天子管的地方有限。方圆三百里内还算凑合，五百里需要咬牙坚持，一千里外那就完全鞭长莫及。万一有什么事，等消息传来，黄花菜都凉了。所以，天子干脆把远方的土地一封，找信得过的人来管。

那诸侯们，为什么乐意接受这“封地大礼包”呢？

我们来看看这“礼包”里有什么：实际所有权、人事任免权、财政权、军事权等。说白了，诸侯就是自己土地上的皇帝。只需服从天子命令、镇守疆土、随从作战、纳贡、朝觐述职，就能享受这么多好处，何乐而不为呢？

于是诸侯们和天子达成一致意见，我是大哥，您是大哥大，一起管理天下。很不错的管理方案。

不过，这分封制看似双赢，实则隐患重重。

**第一，就是“跨层管理”问题。**

天子只能管到诸侯这一层，再往下的大夫、士等，天子就鞭长莫及了。这就像现在的公司，总经理只能管到部门经理，管不到基层员工，长此以往容易出问题！

**第二，周天子要时刻保持最强。**

一旦天子实力减弱，诸侯们就开始蠢蠢欲动，不纳贡了。

现实就是这么发生的。西周镐京被犬戎攻破后，周天子失去关中平原的基本盘，诸侯们一看："大哥不行了，咱们也别纳贡了吧！"

于是，恶性循环开始了：周天子收入减少——实力减弱——诸侯不纳贡——收入更少——实力更弱。

周天子很无奈，但没有任何办法。这件事诸侯们也看在眼里，都知道分封制不靠谱，需要换个法子。于是，到了战国时期，列国开始尝试郡县制。

**2.郡县制的好处**

简单来说，郡县制就像是现在的公司架构，郡是"大区经理"，县是"部门经理"，乡里就是"基层员工"。一个词概括，就是"垂直管理"。天子（总经理）能直接管到基层员工（郡县官员），效率大大提高。

这套制度，从秦始皇开始，此后持续两千多年，一直到现在。生命力相当之顽强！

一郡之首是郡守，一县之长是县令或县长，乡里则是三老、啬夫、游徼这些人。

**那么，郡县制到底有什么好处呢？**

很多。人事任免权归一把手，想换谁就换谁，底下所有人都要听命。所有县令的任命，都得秦始皇亲笔签字盖章，才能算数。这就意味着，县令在工作上得跟郡守配合默契，但在身份上，他不是郡守的小跟班，其真正老板还是秦始皇。

**如此，分封制管不住下面小弟的问题，就迎刃而解了。毕竟，所有人的工资都是秦始皇发的，下面的人要是不听话，饭碗可就保不住了！**

能任免，能考核，就能把人管得服服帖帖，秦始皇的威严就这么立起来了。办事效率大大提高。

郡县制就像一棵大树，一层一层的根系不断延伸，深深地扎根于百姓的土壤之中，把高高在上的秦始皇和底层的普通百姓紧密地联系在了一起。

这样一来，秦始皇就像拥有了一个巨大的数据库，对帝国的各项数据了如指掌。比如，秦国有多少个郡？每个郡有多少个县？每个县有多少户人家？这个县有多少亩地，能产多少粮食，能收上来多少税？这些关键数据，秦始皇了解得清清楚楚。

了解清楚后，秦始皇做决策就心里有数了。他能准确地知道，可以征发多少民夫来修长城，能拿出多少钱来建阿房宫等。

更牛的是，这个体系是可以双向使用的。秦始皇的命令，可以沿着根系直达平民百姓。比如说，秦始皇要征发五万民夫修长城，命令从咸阳城里发出来，送到了三川郡守的手上。郡守眉头一皱，心想："这可不是个小数目啊！"

他不敢怠慢，立刻把下面的县令们都召集起来开会，一脸严肃地说："咱们郡今年的大任务来了，要征五万人修长城，各位县令，咱们得分分这烫手的山芋了。"

甲县的县令一听，心里咯噔一下，分到自己头上的是三千人的大数。他苦着脸回到县里，连忙把下面的乡领导们也喊来开会，一脸无奈地说："咱们县今年的重担也不轻啊，三千人的指标，各位乡亲，咱们也得分分这重担了。"

乡领导们面面相觑，心里暗自嘀咕，但也不敢违抗。乙乡的乡领导分到两百人的任务，他苦着脸，跟下面各个里正说："唉，没办法，上面压下来的任务，你们每个里得出十个人去修长城。"里正们一听，也是愁眉苦脸，但只能硬着头皮，挨家挨户去登记。

于是，一家家、一户户，五万人的大军，就这么在无奈和叹息中齐活了。效率相当之高！

郡县制的实施，可谓是影响深远。柳宗元曾评论道："秦之所以革之者，其为制，公之大者也……然而公天下之端自秦始。"

秦始皇这一手，直接把中国的政治制度推向了一个新的高度。后世的朝代，基本沿袭了这一制度。